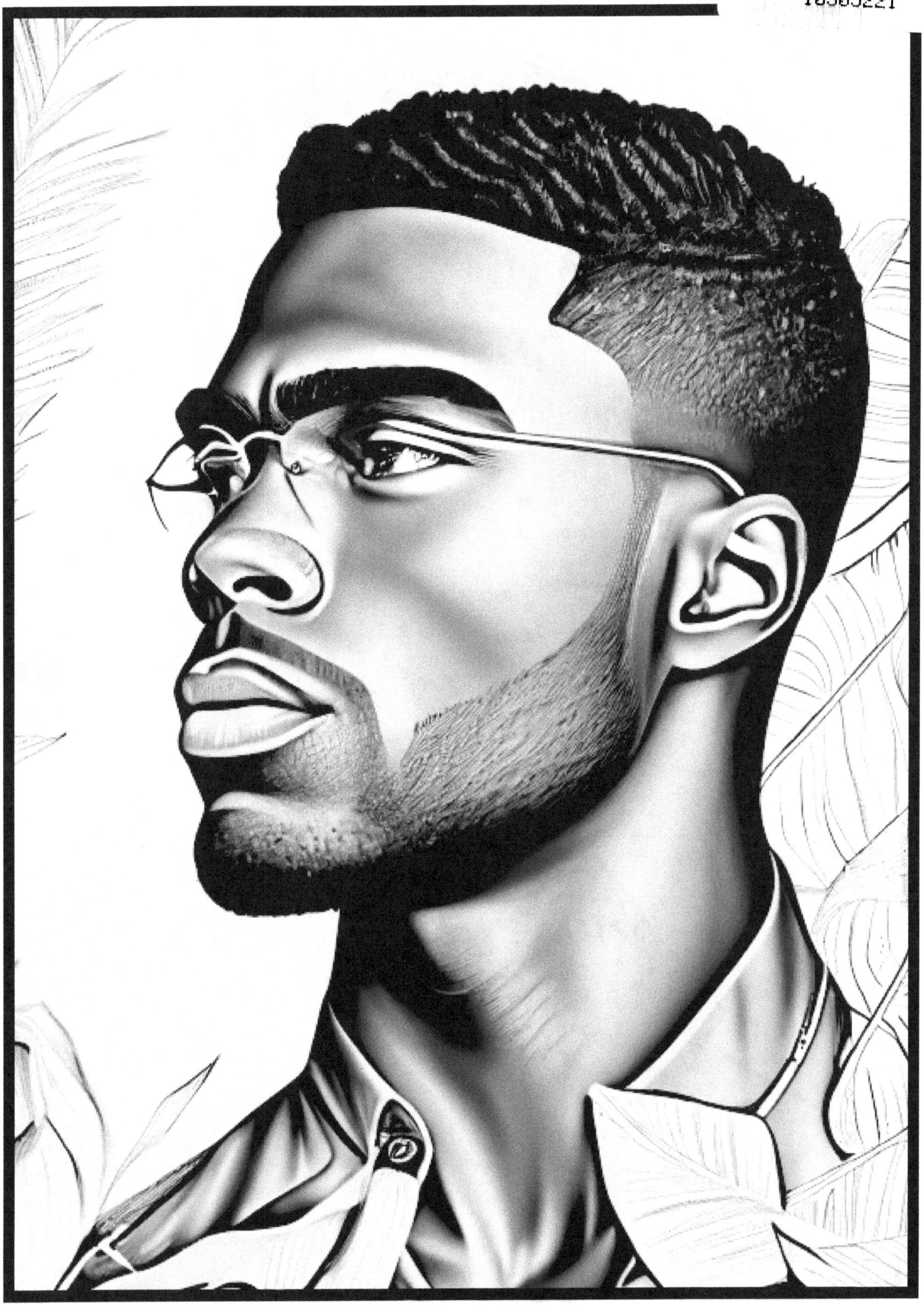

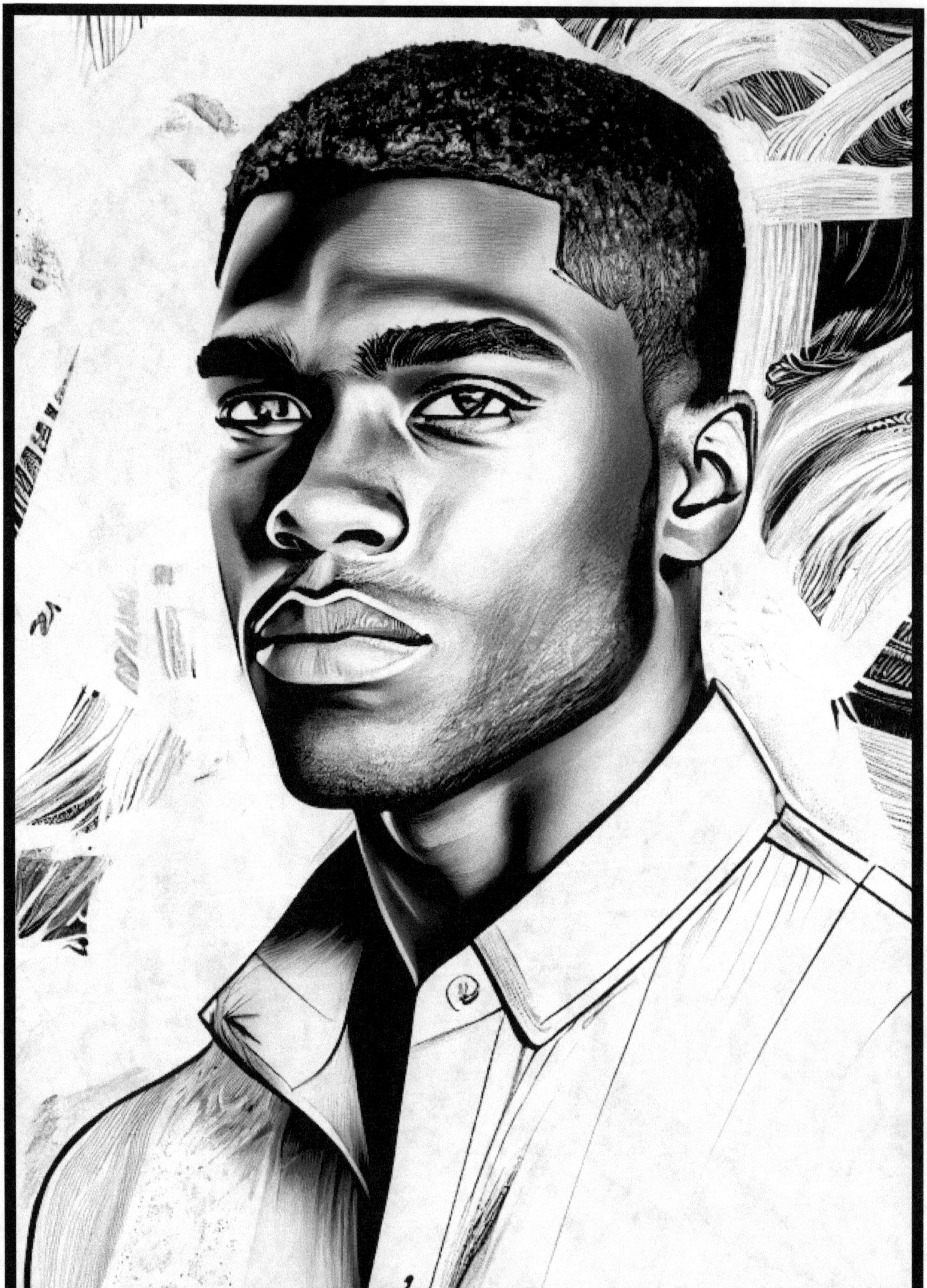

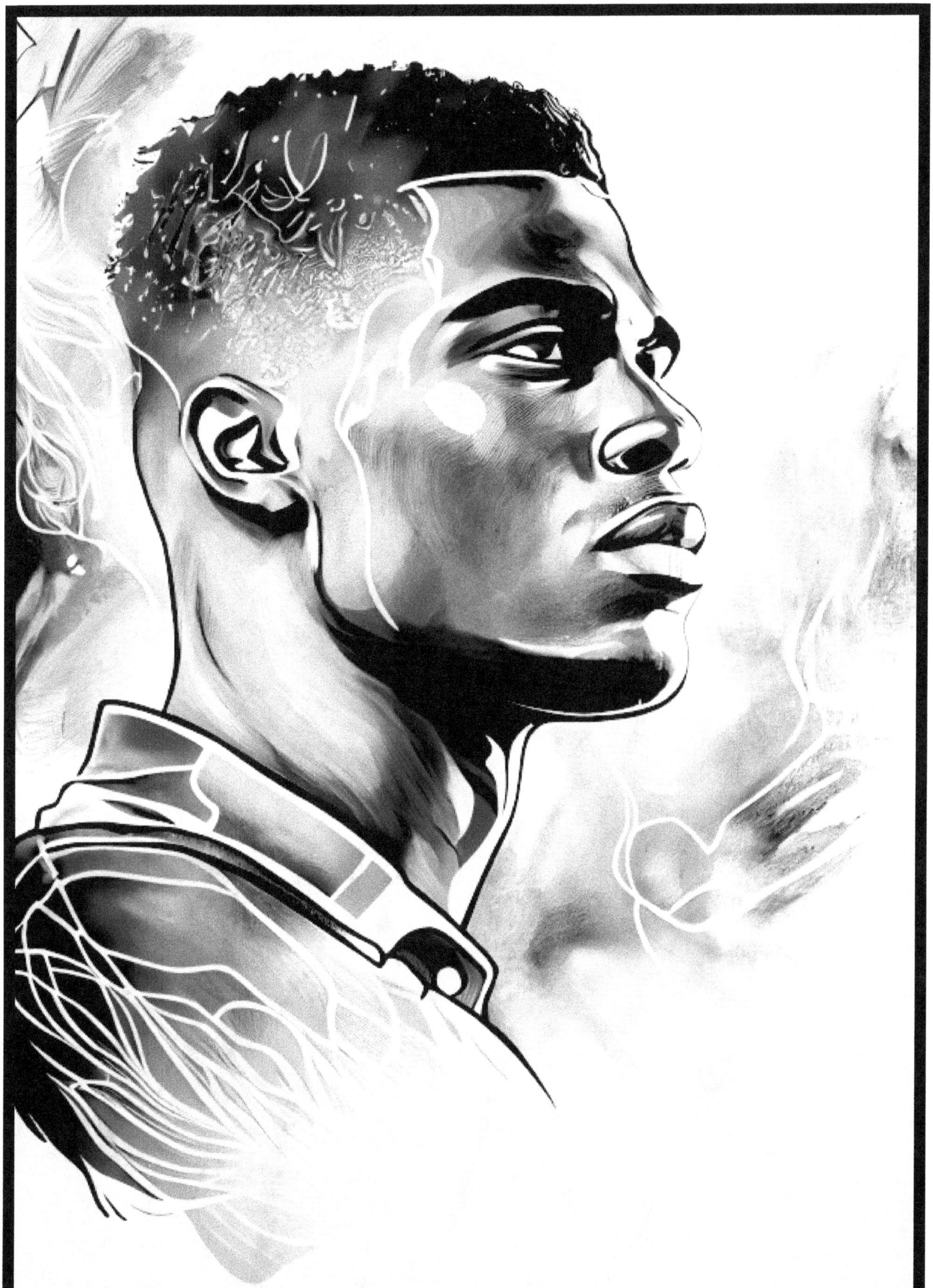

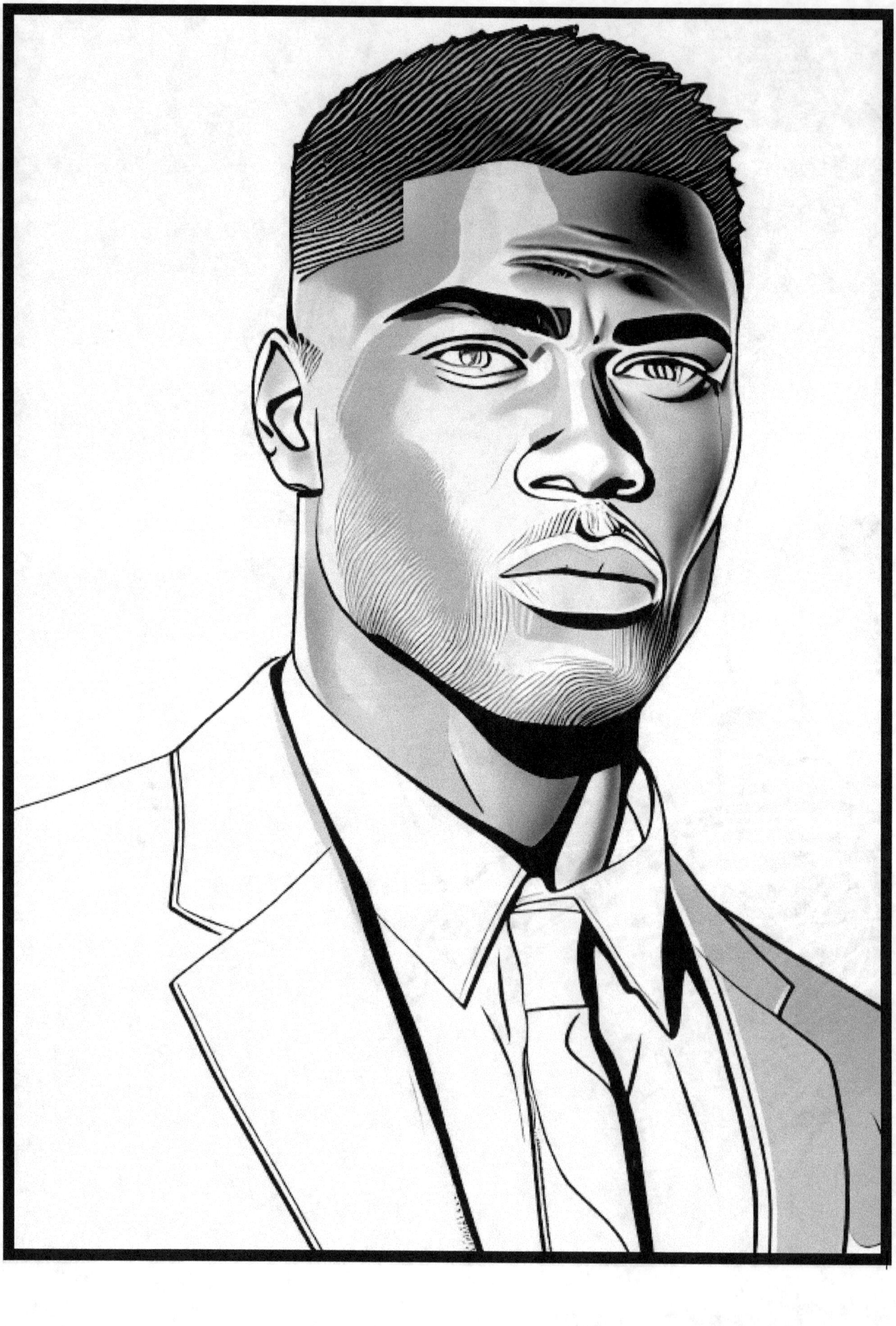

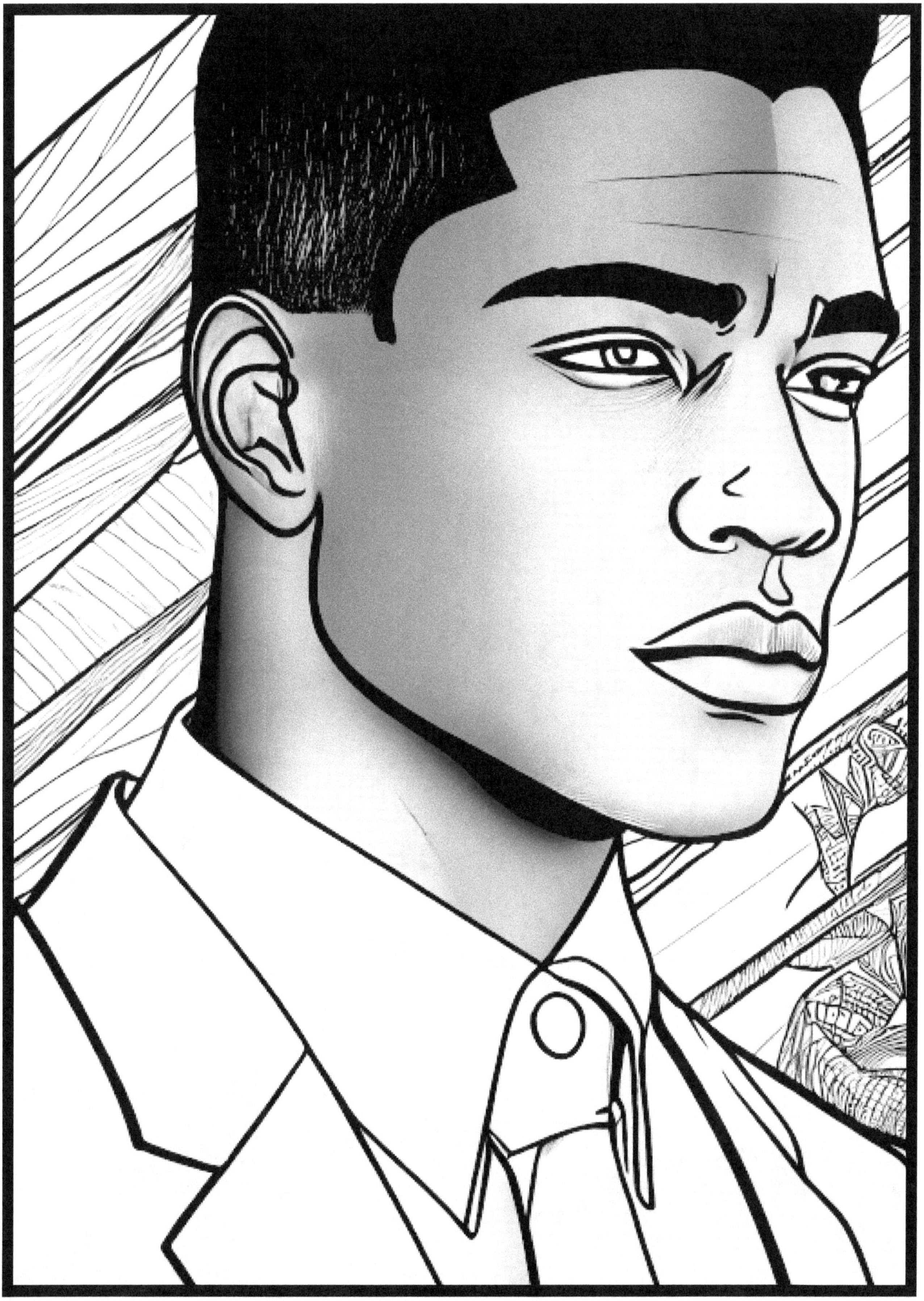

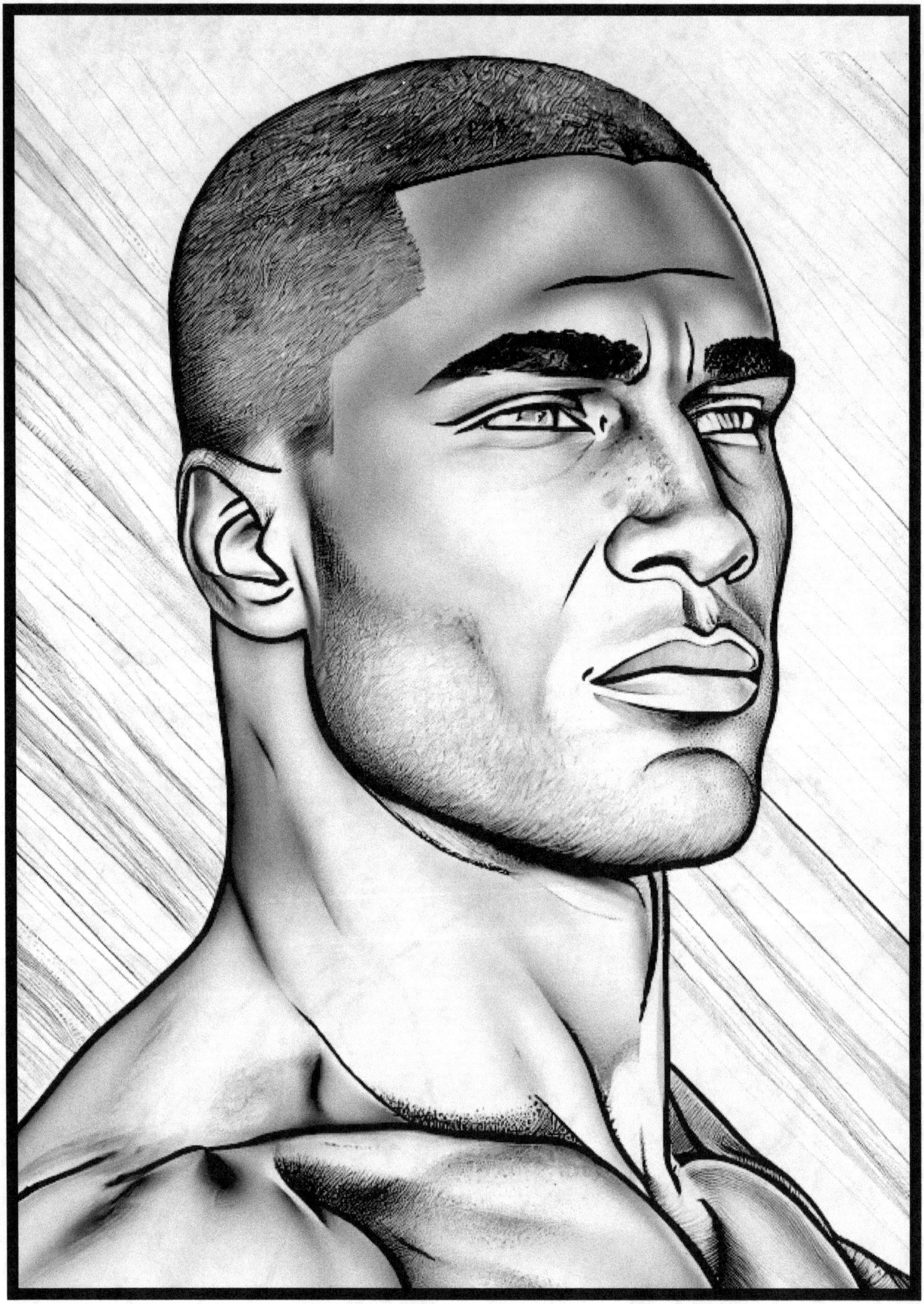

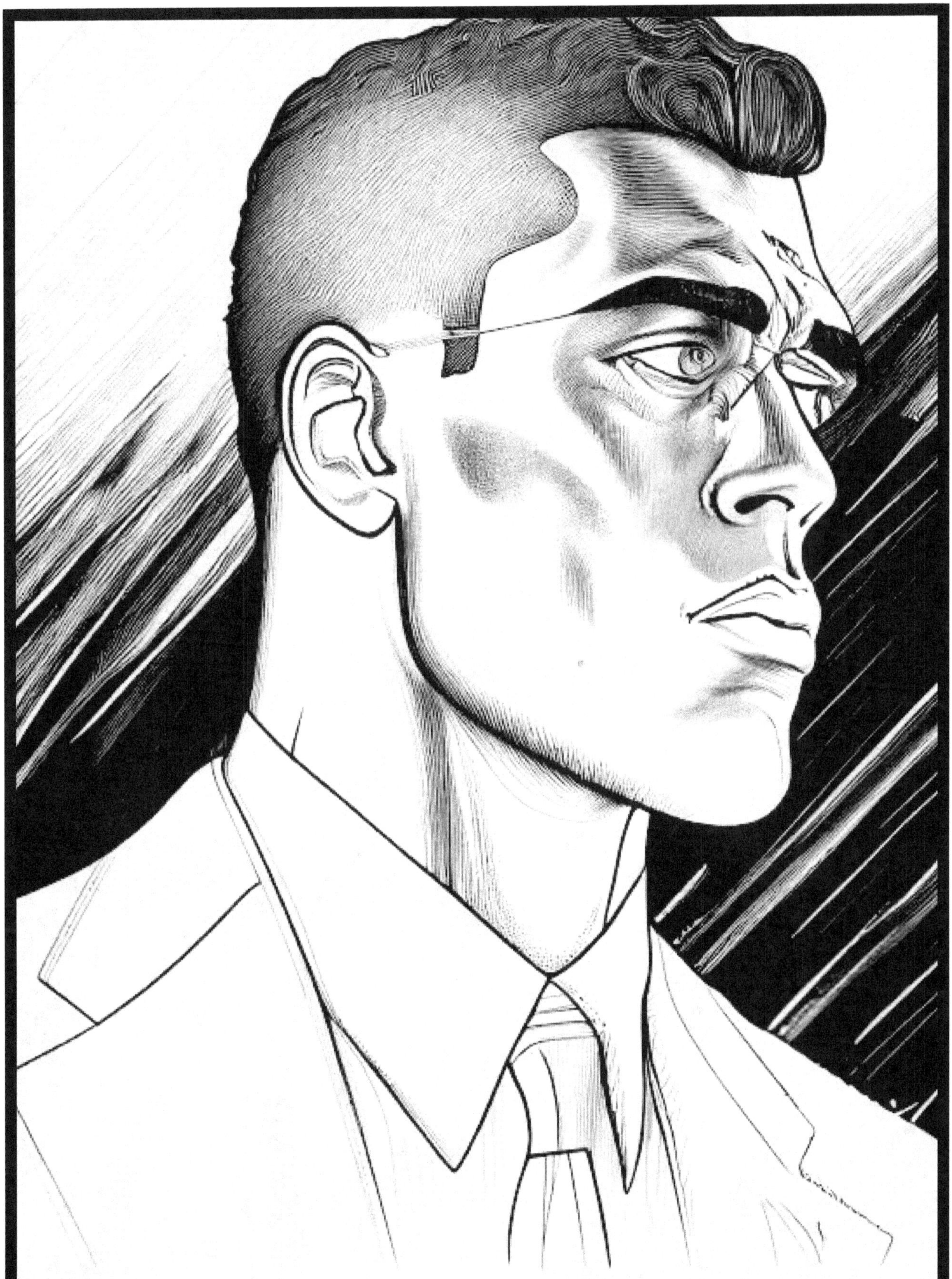

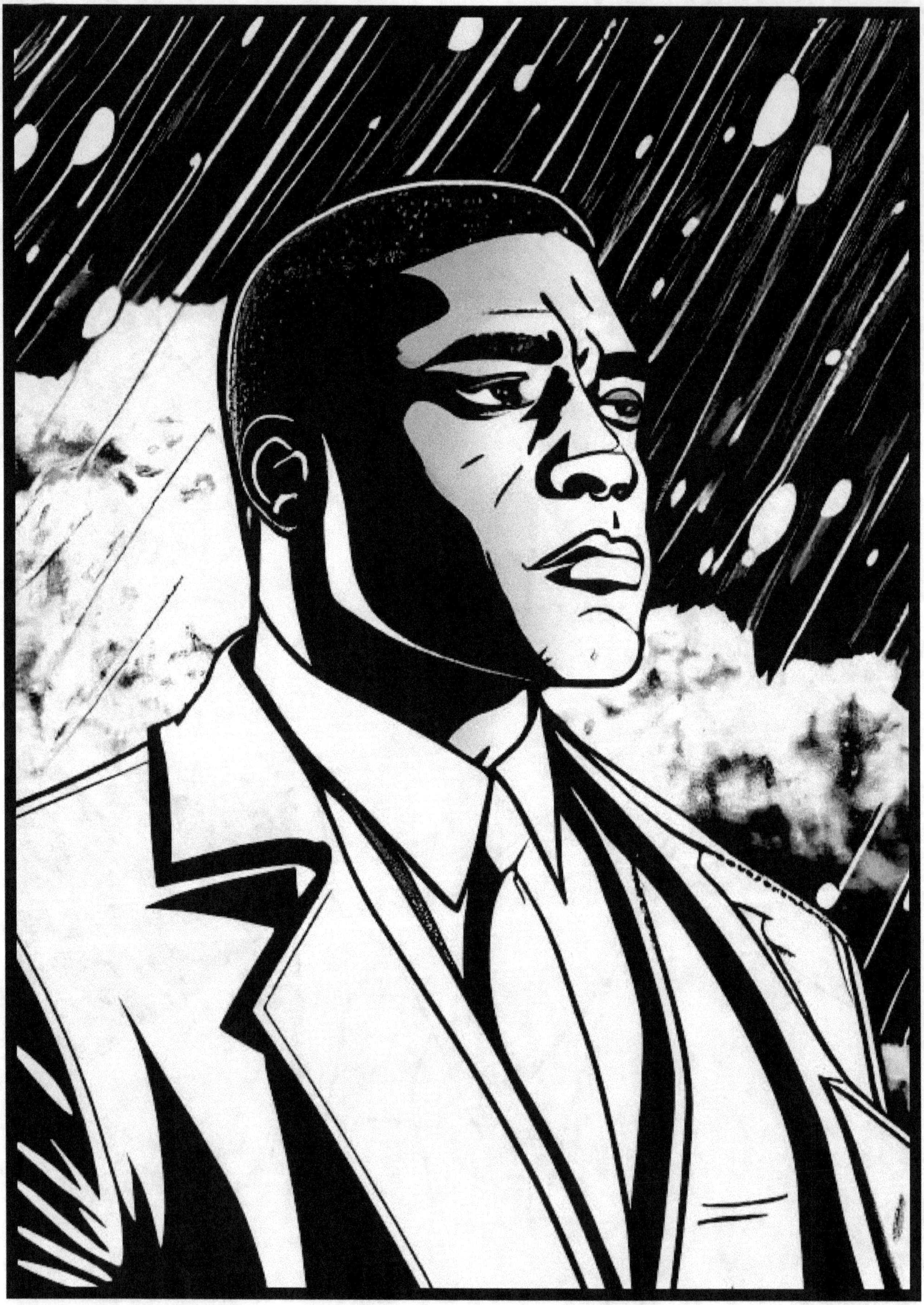

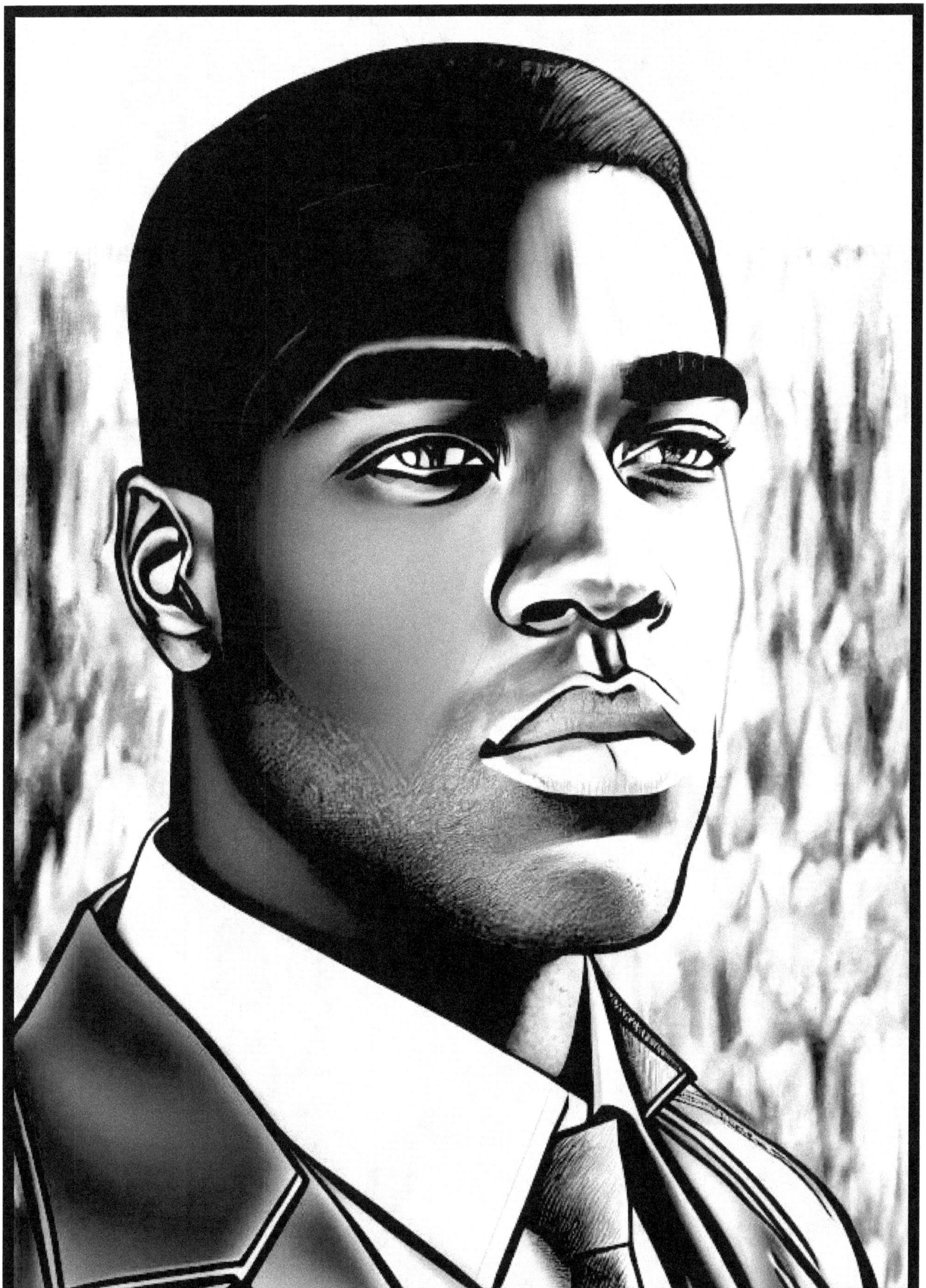

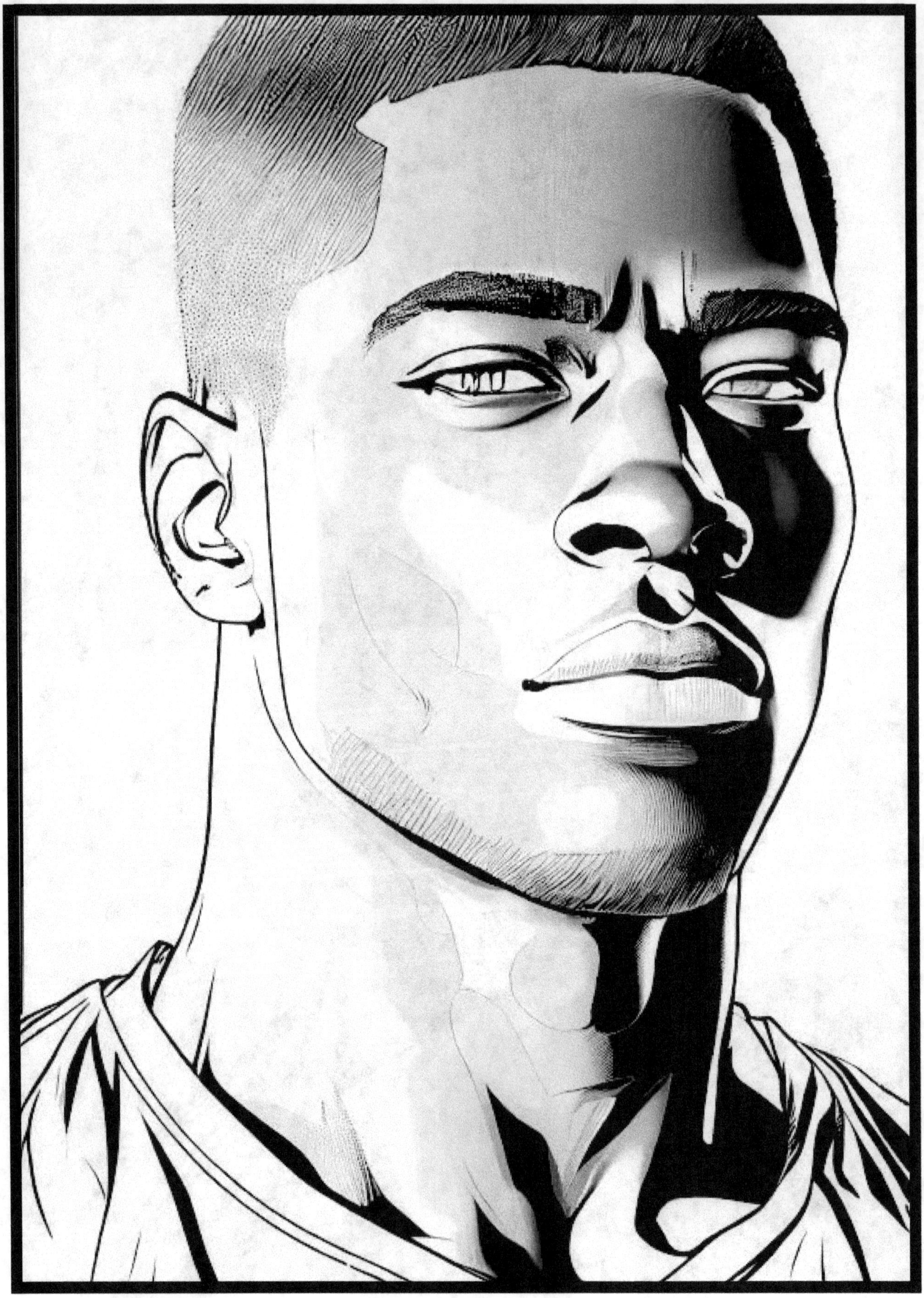

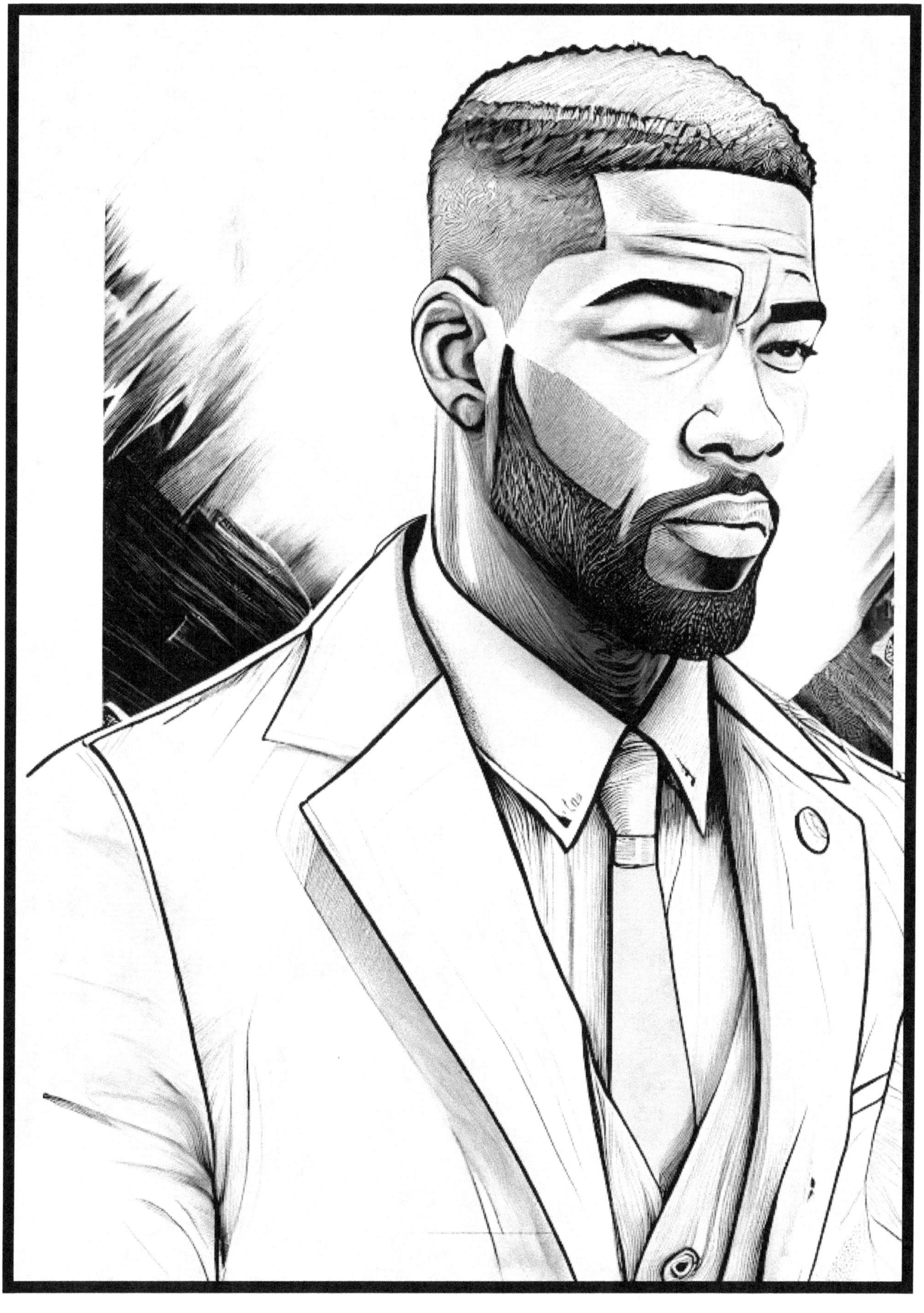

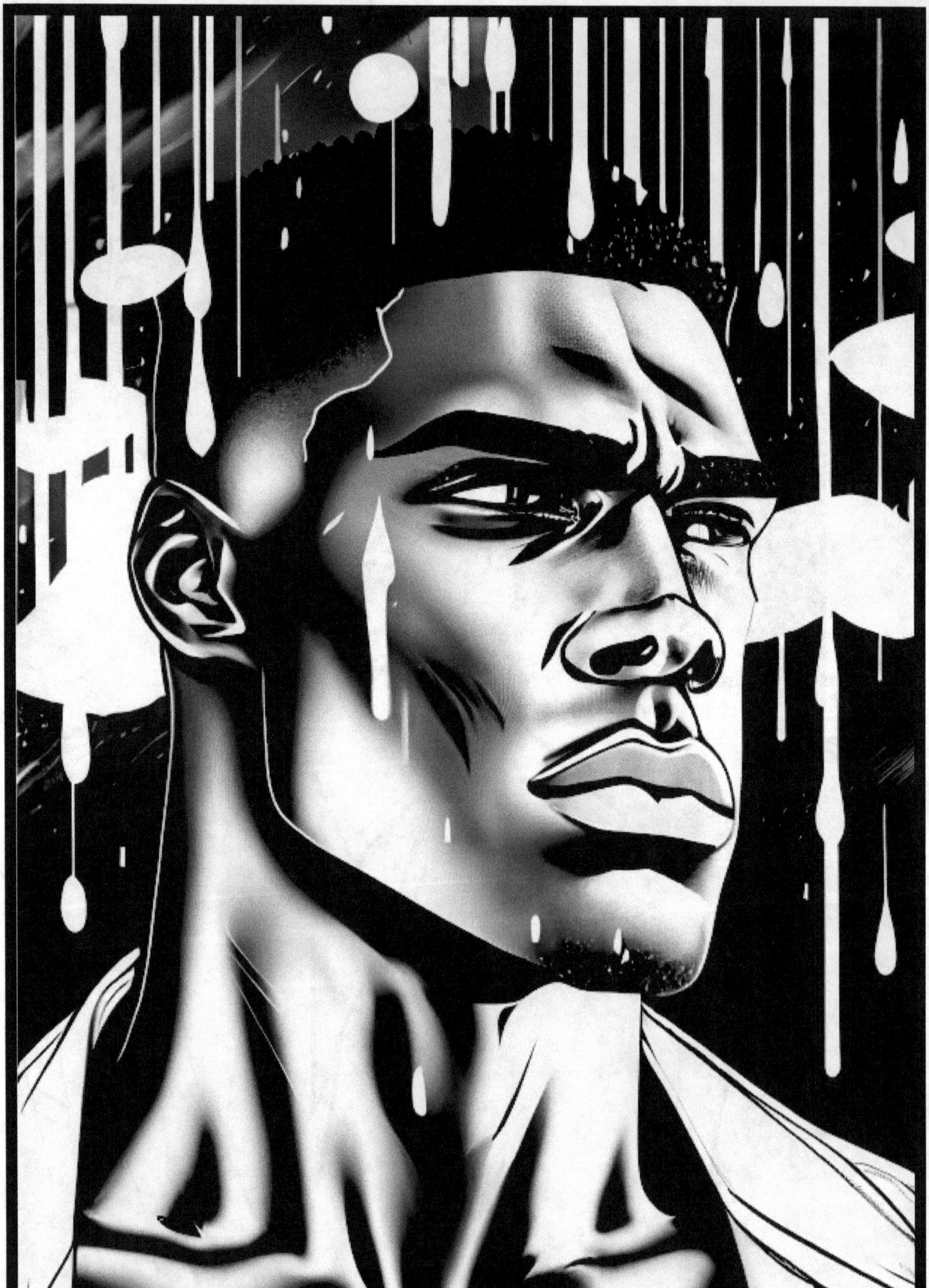

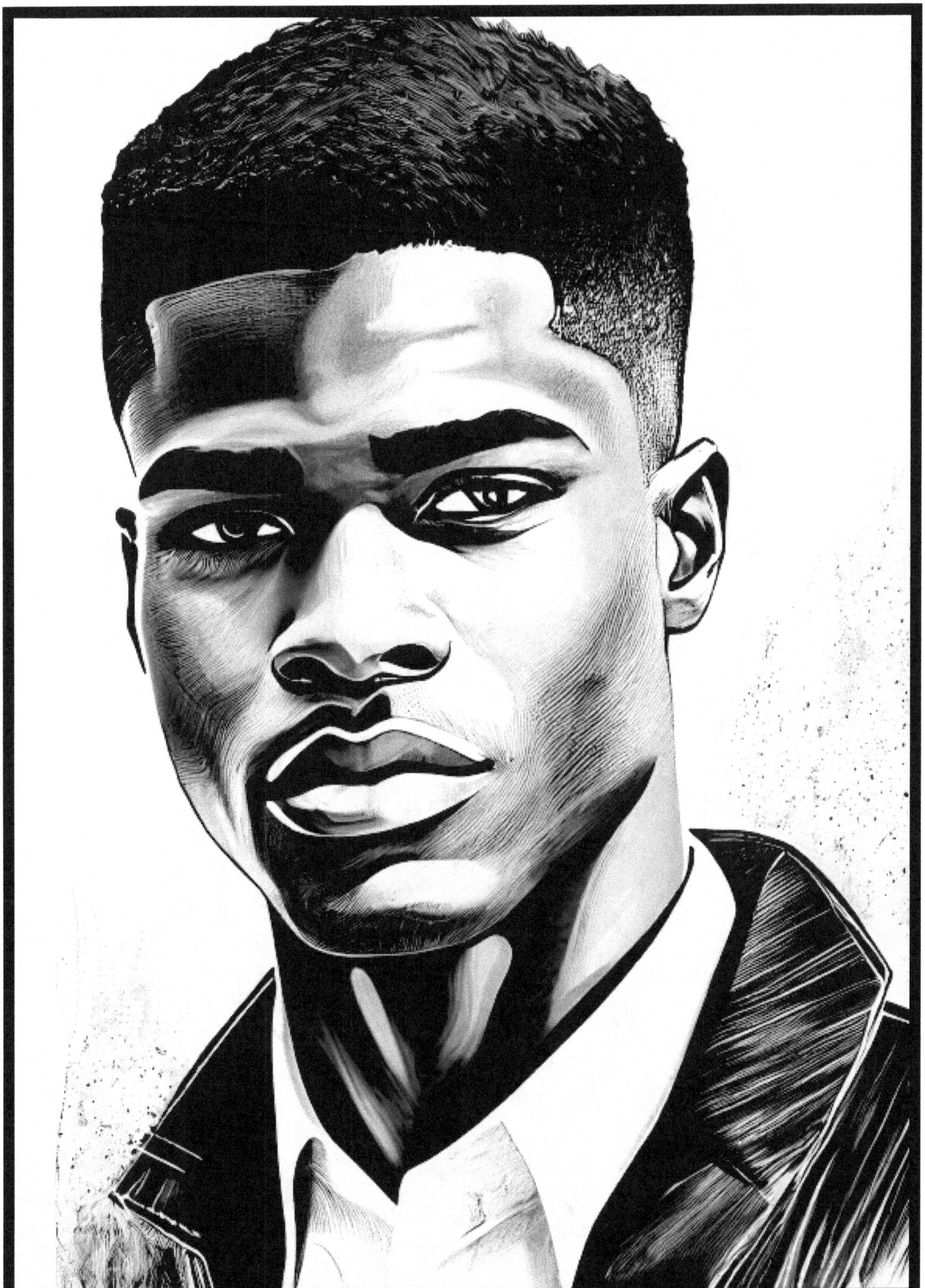

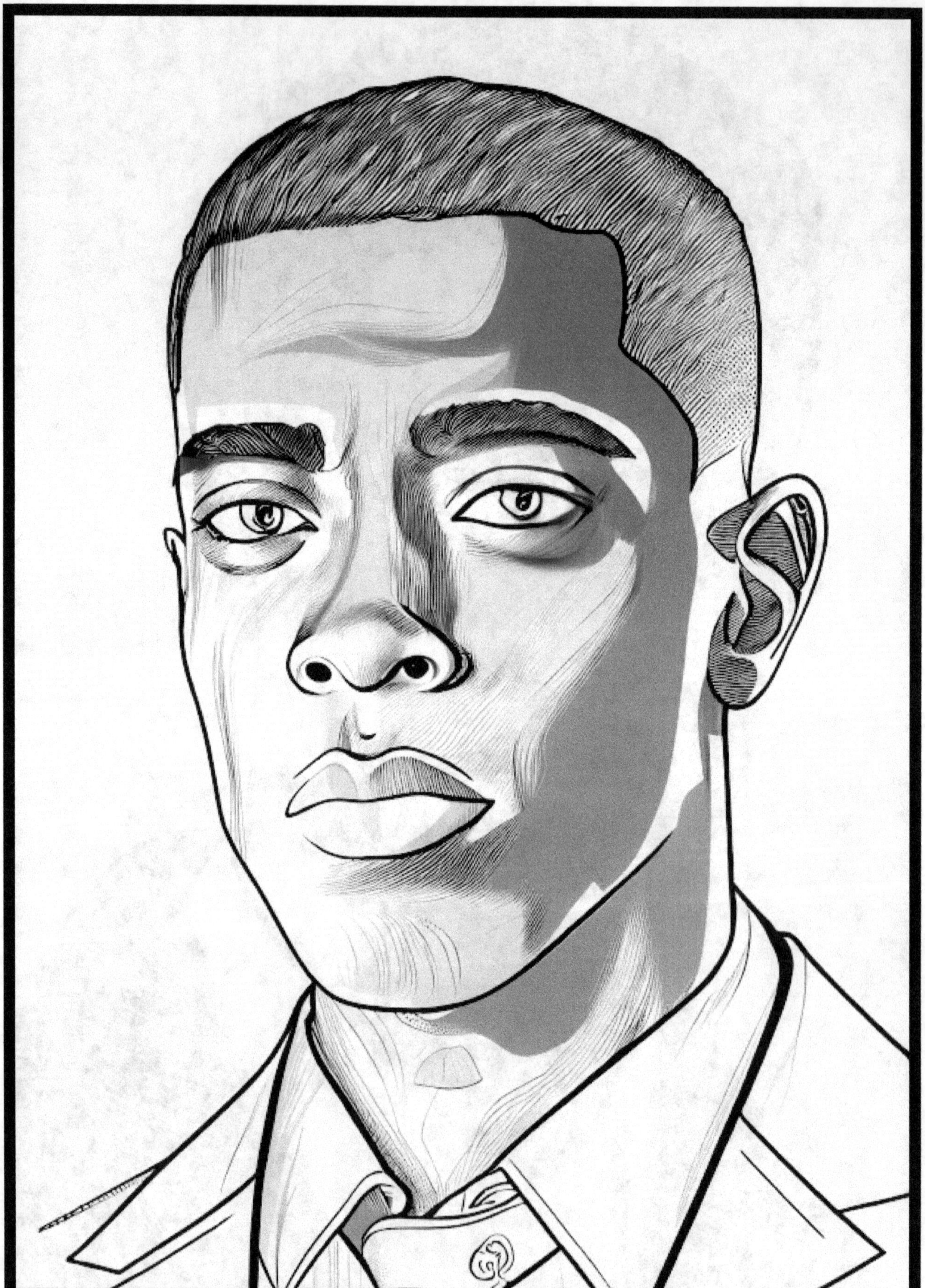

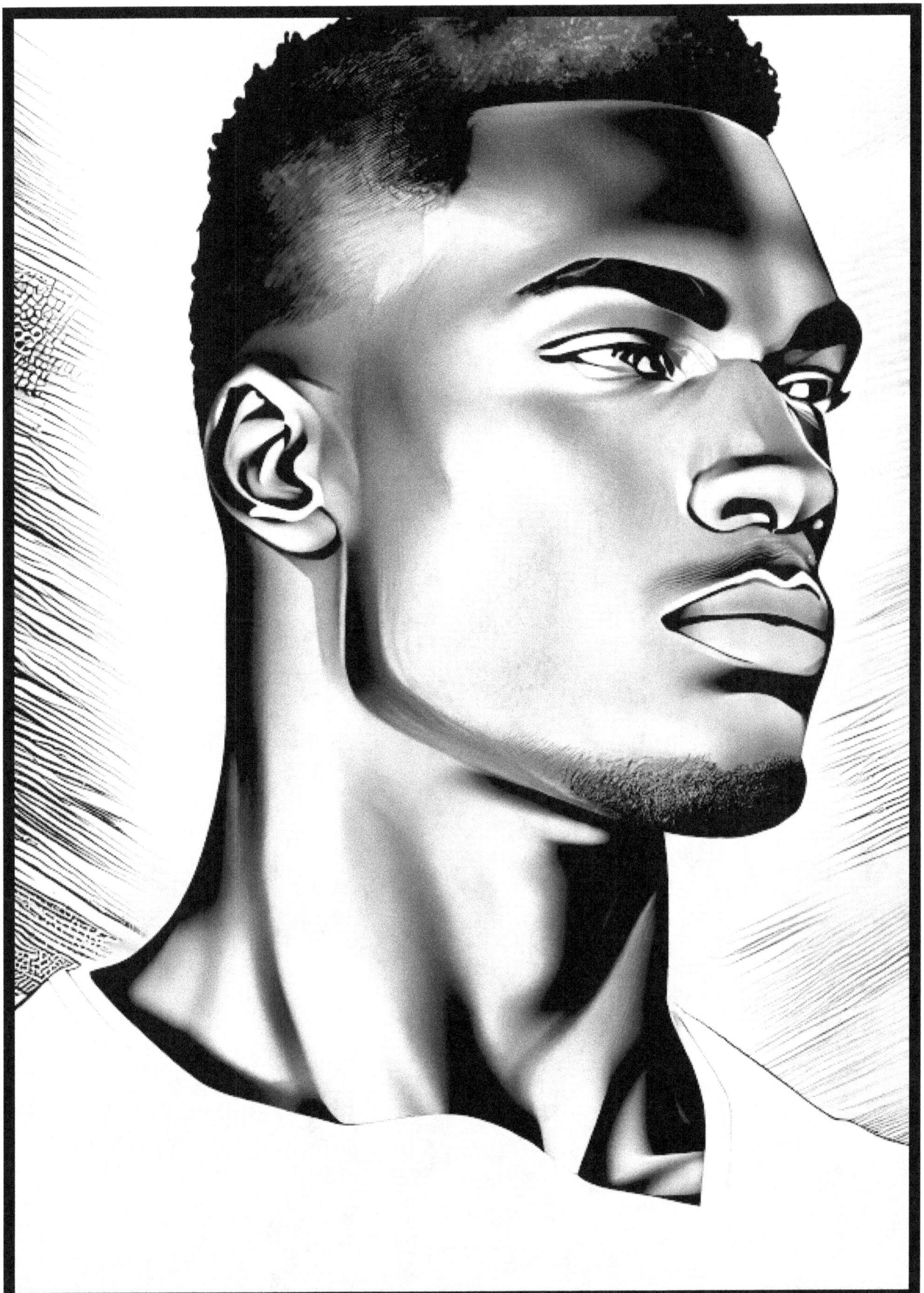

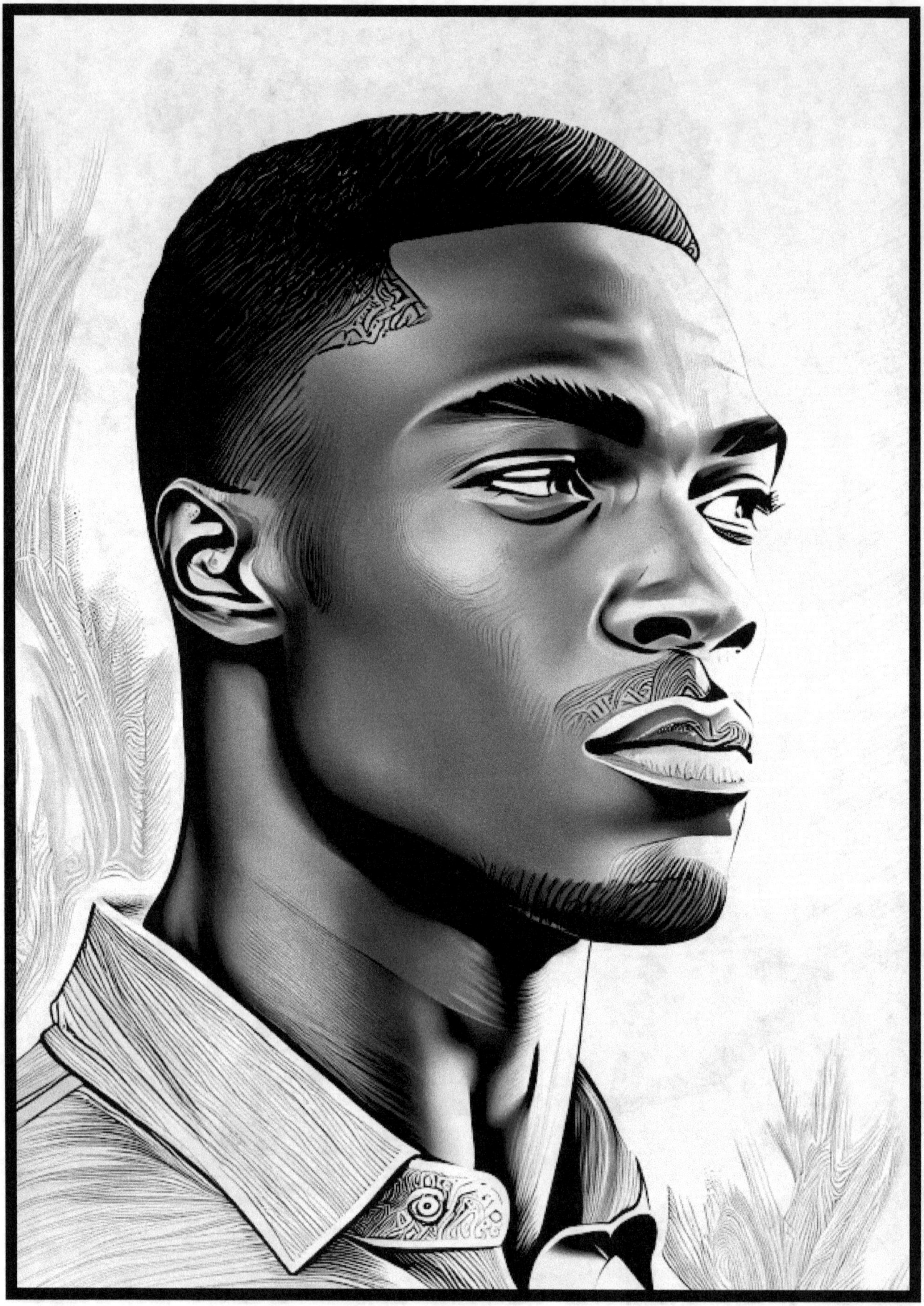

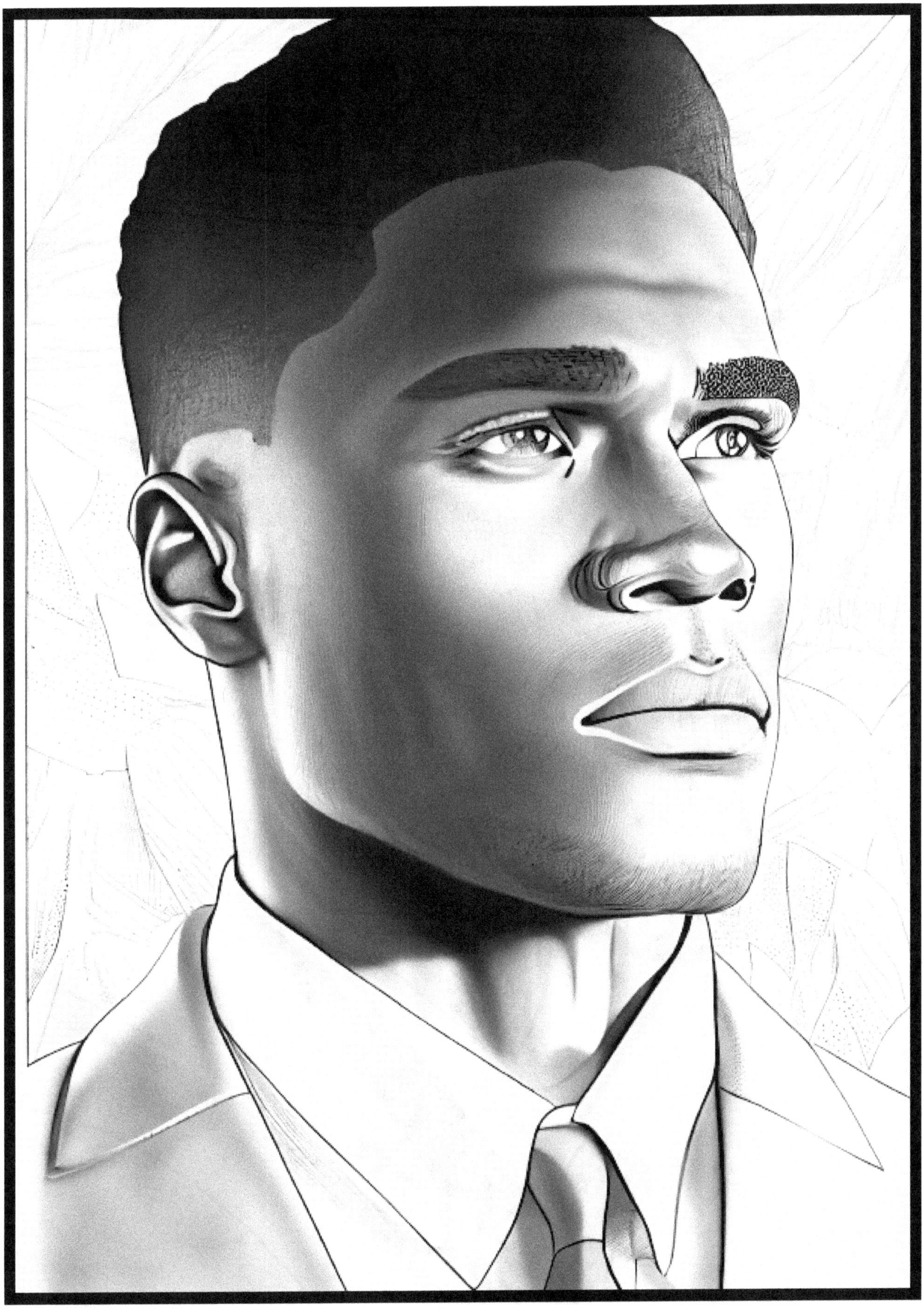

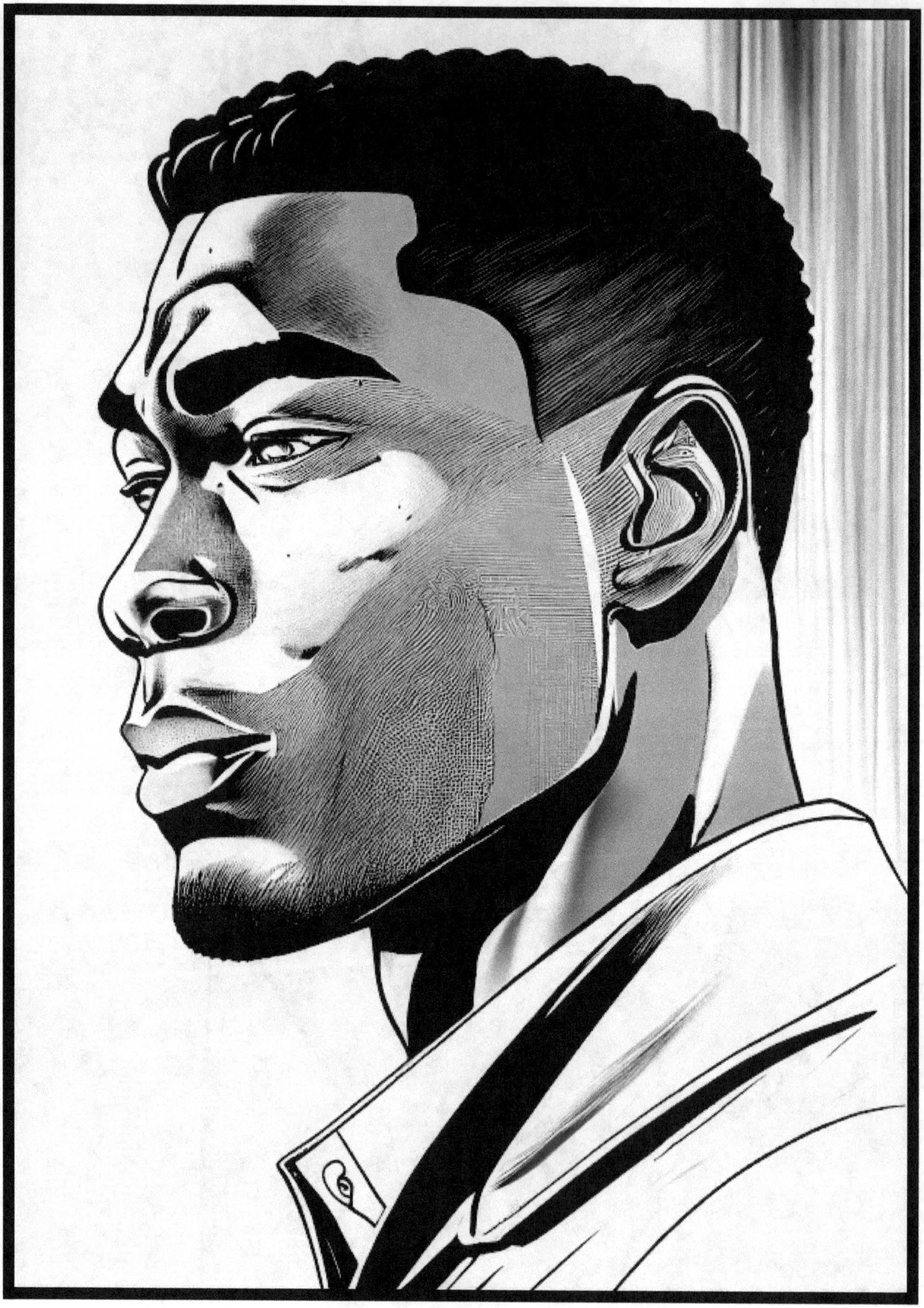

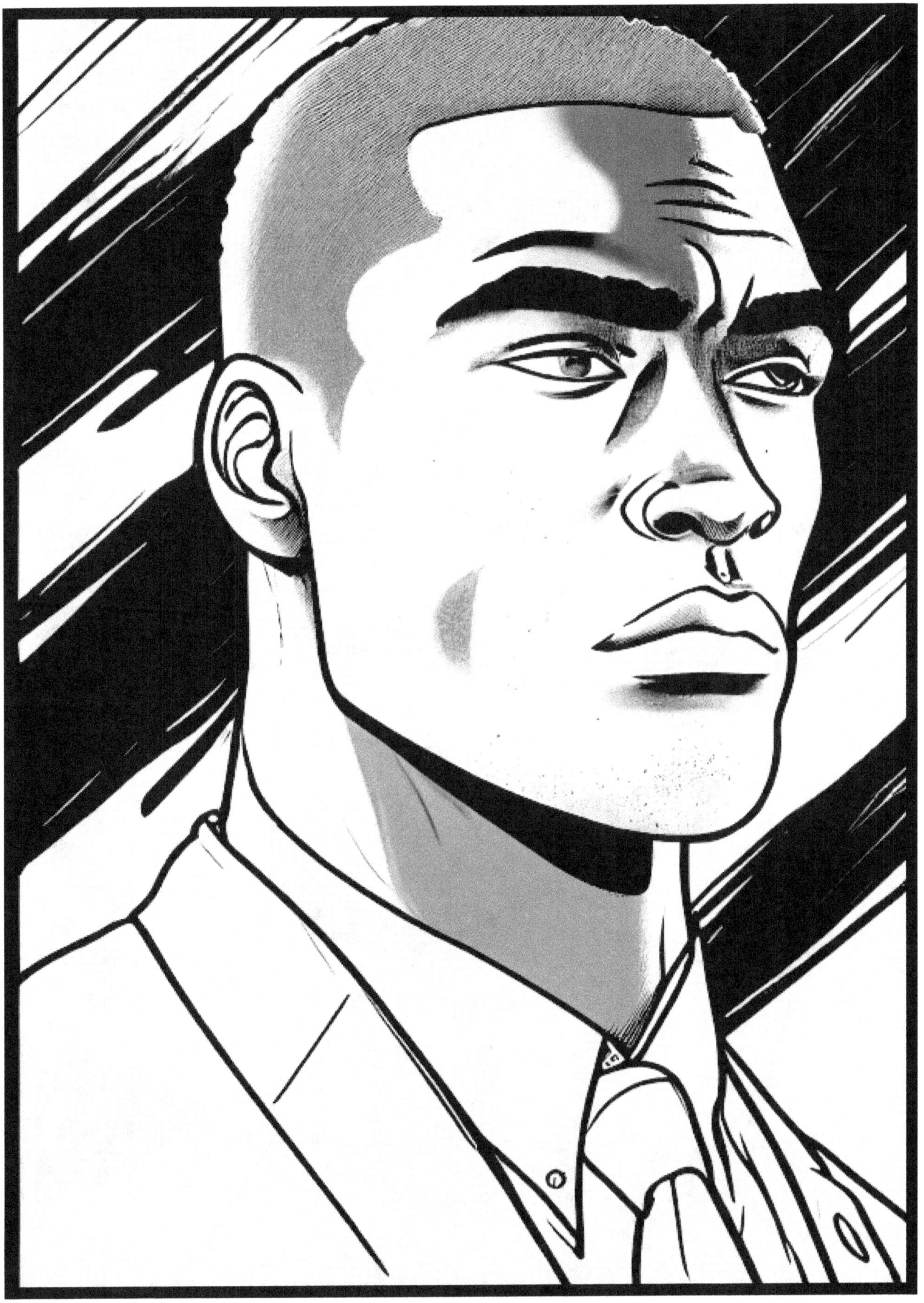

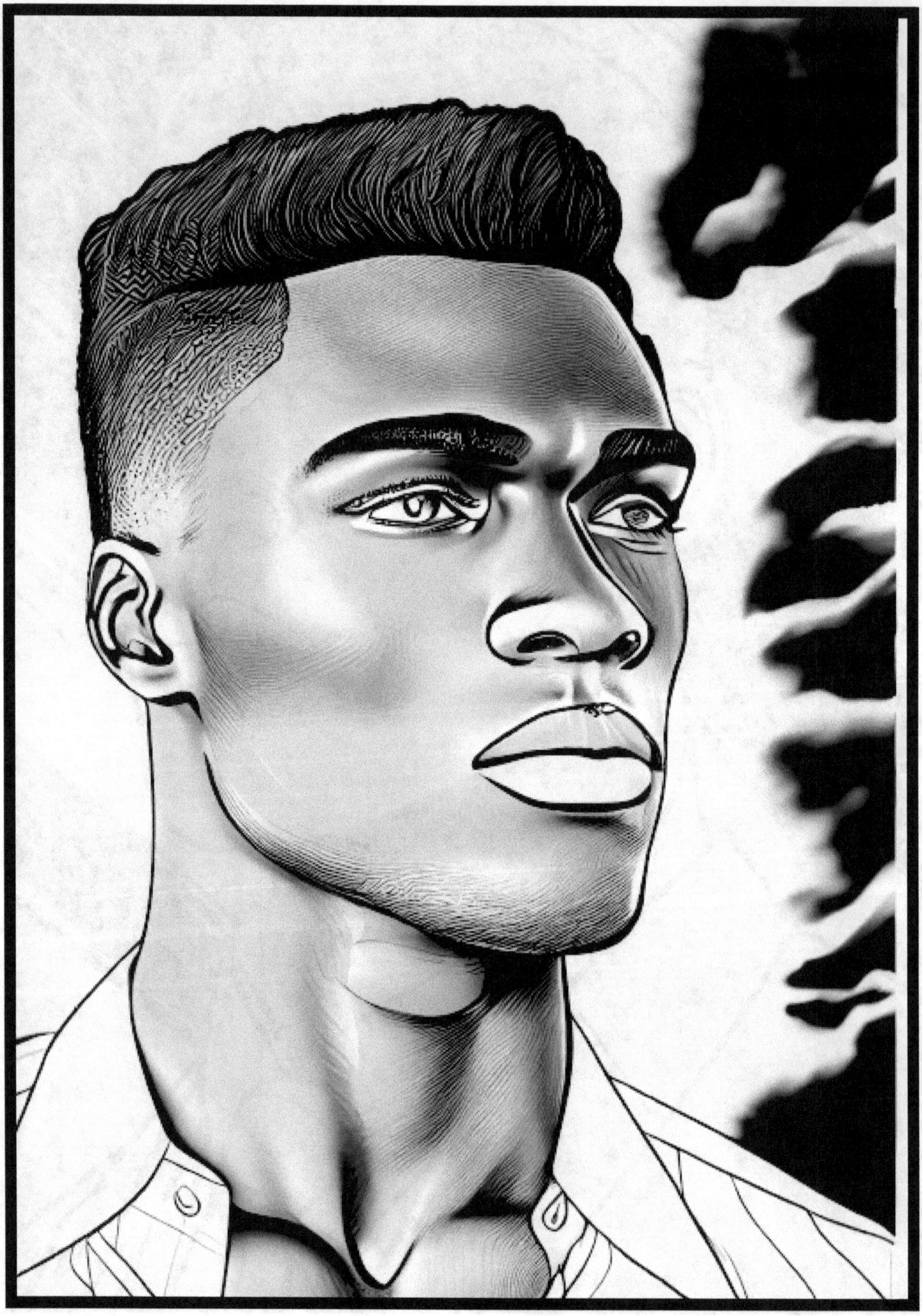

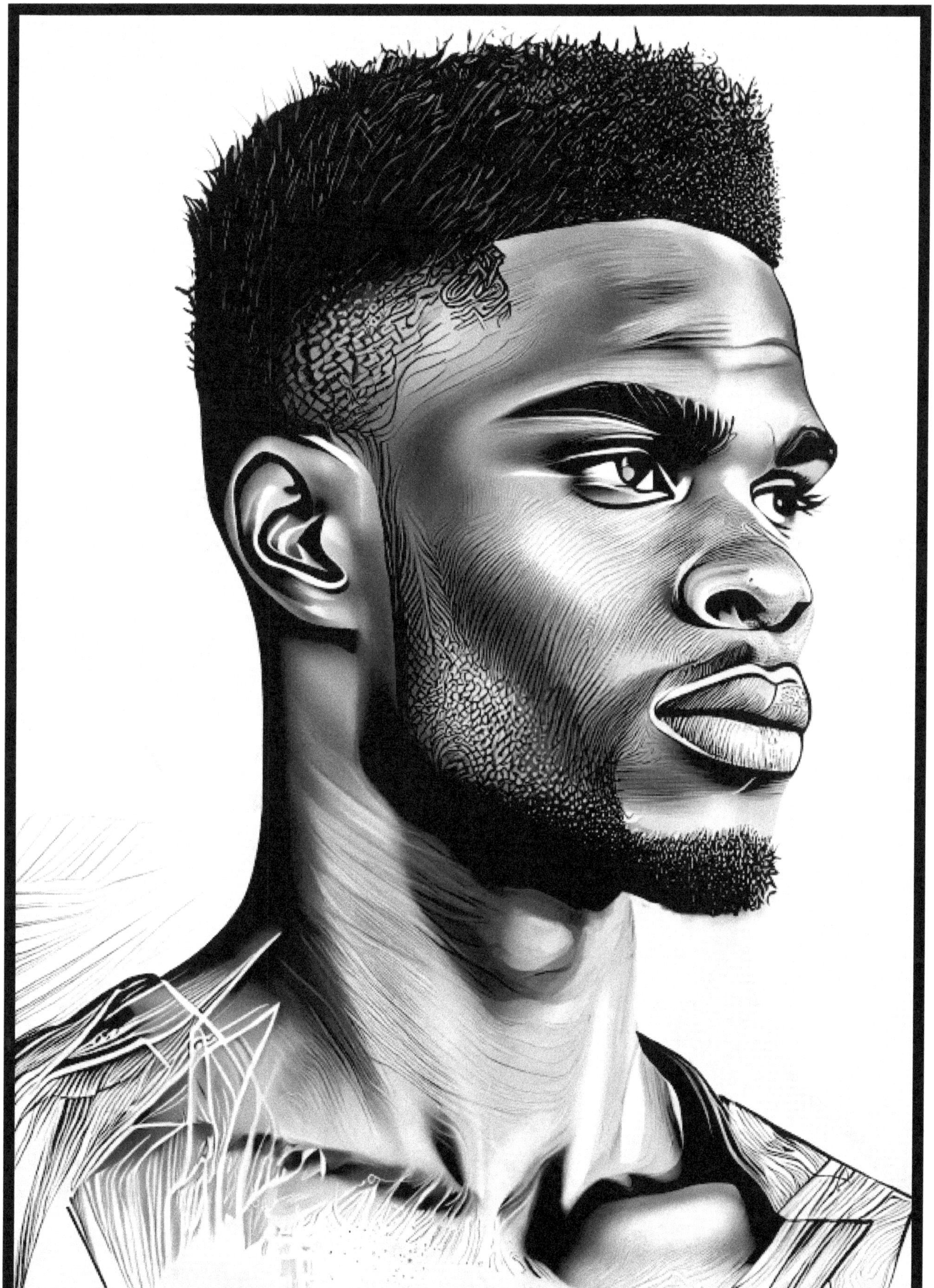

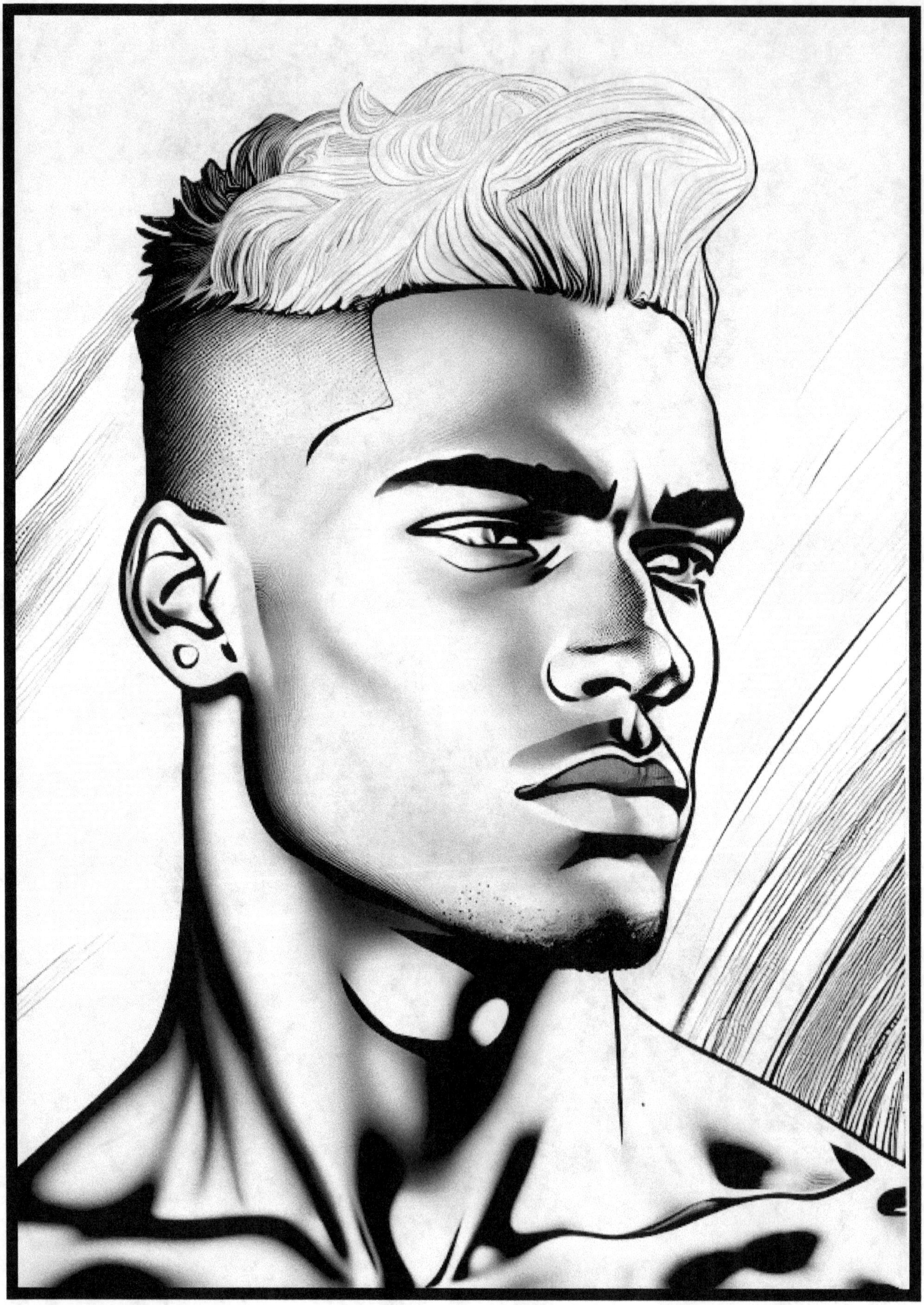

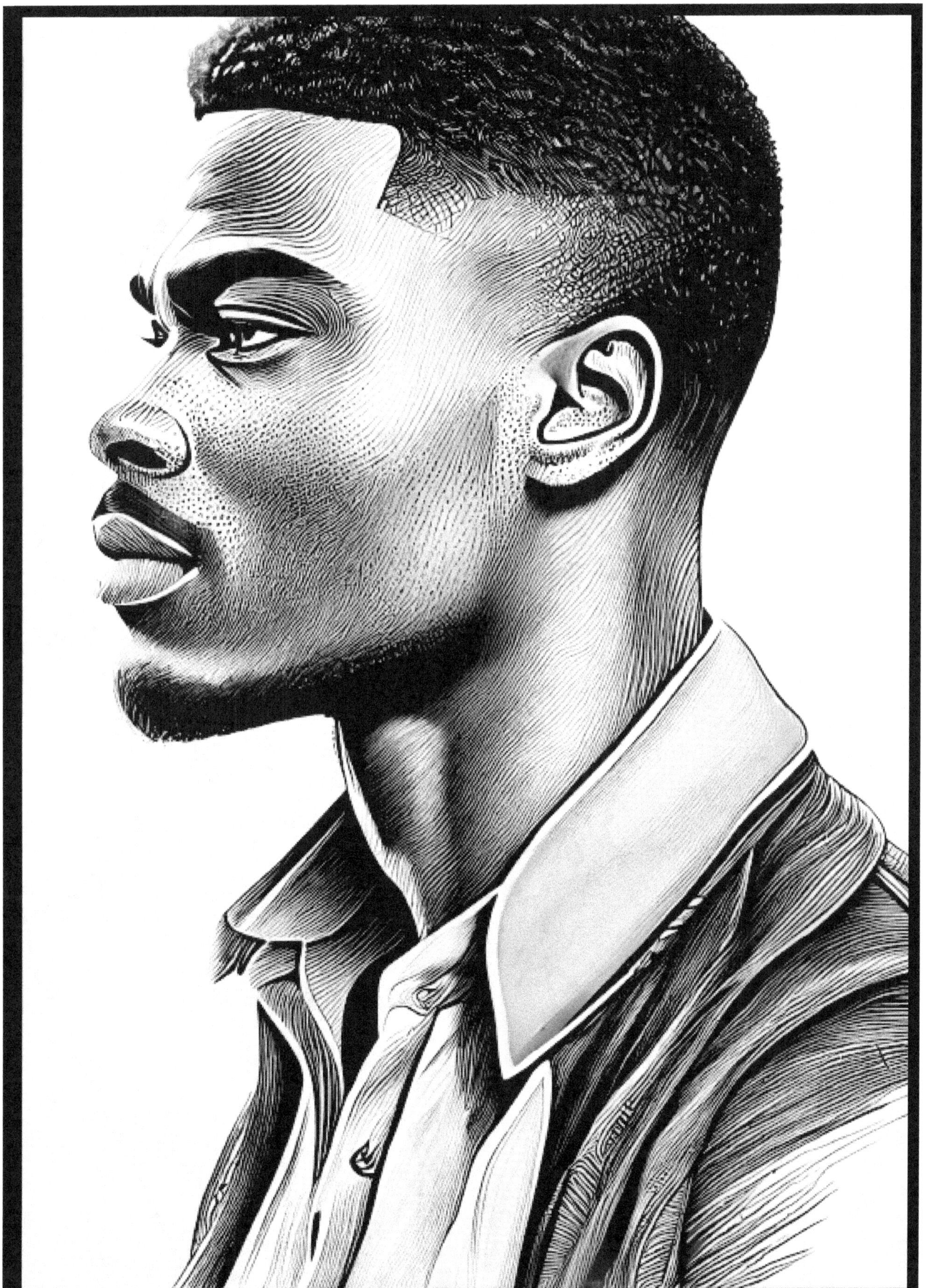

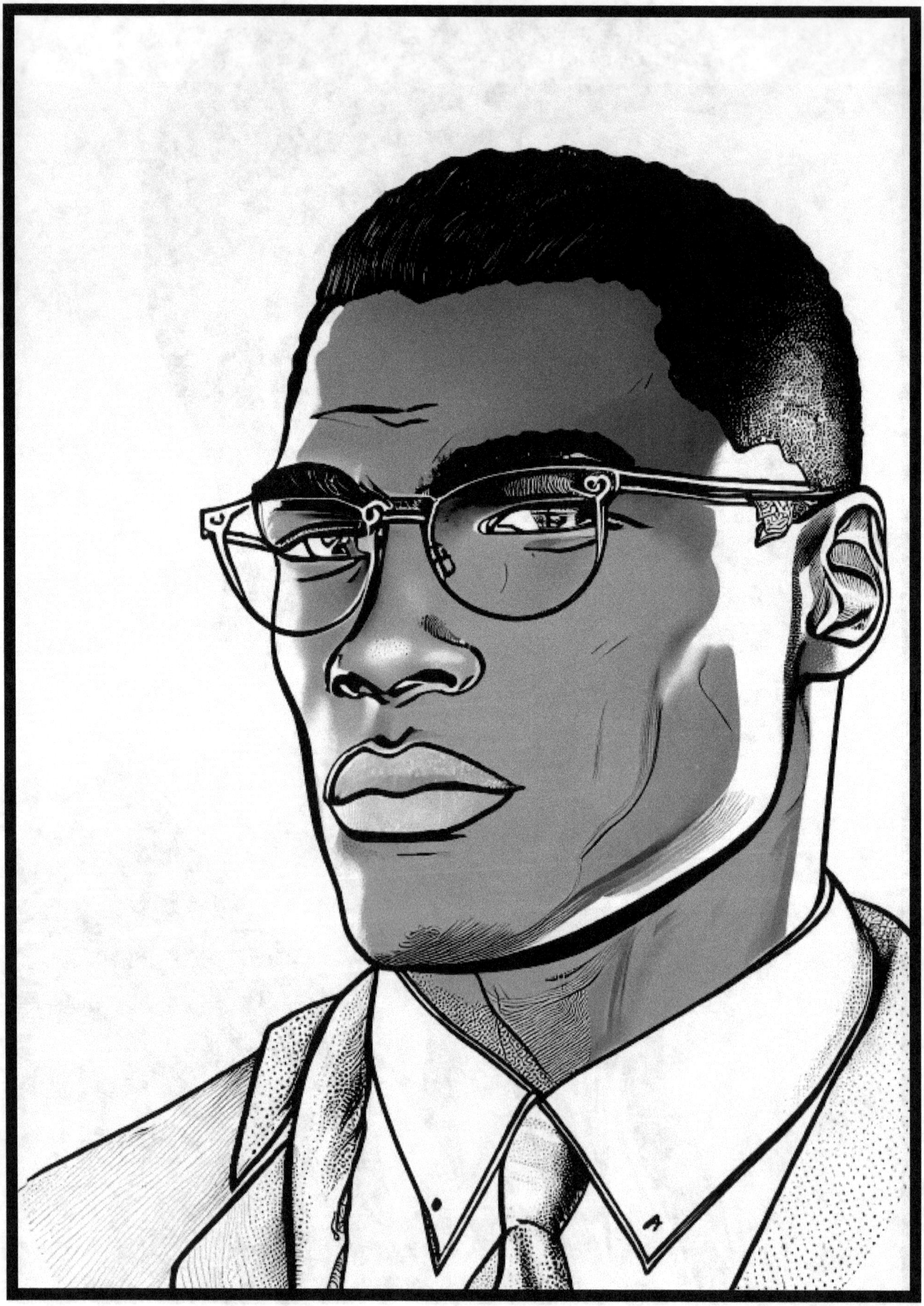

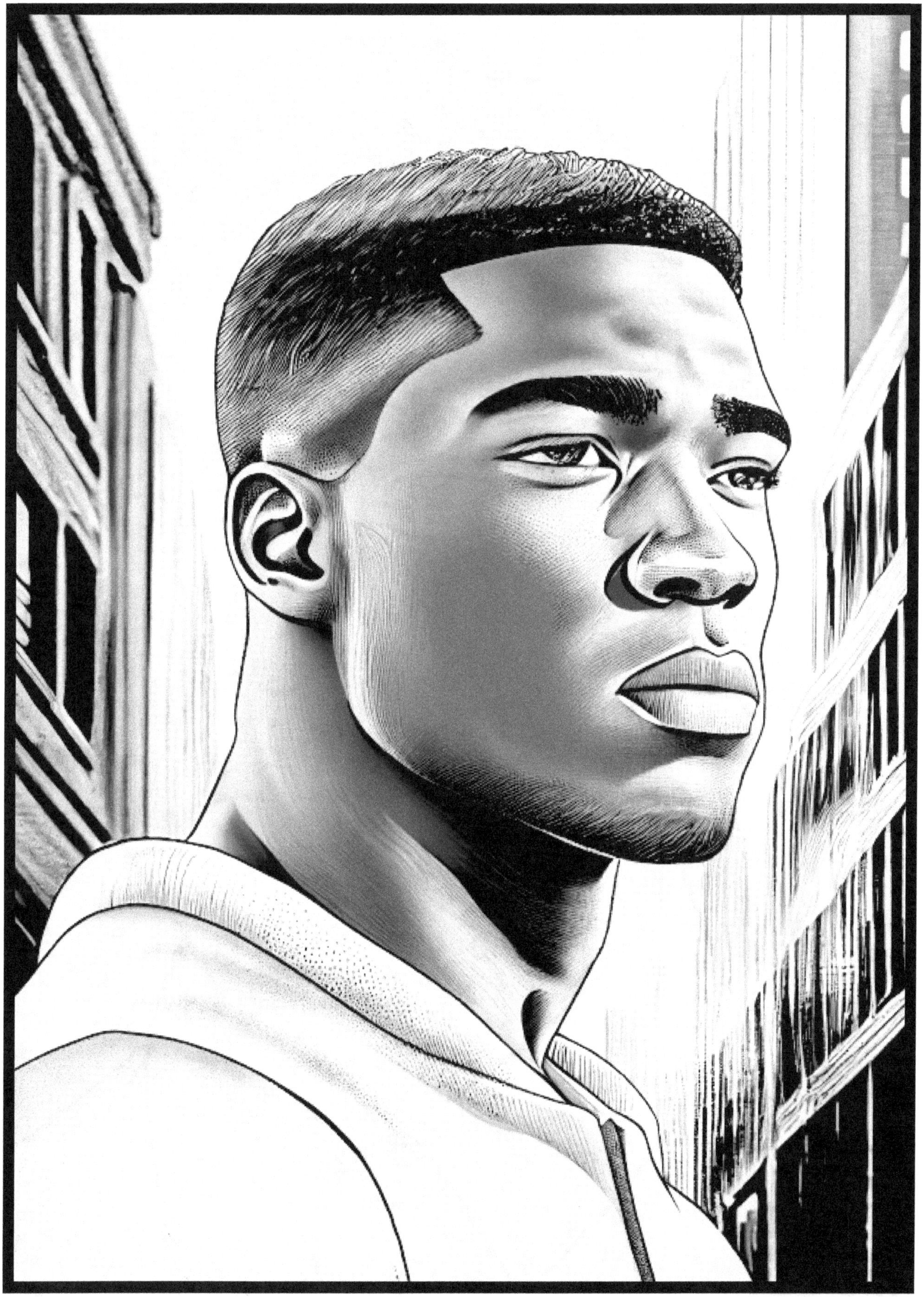

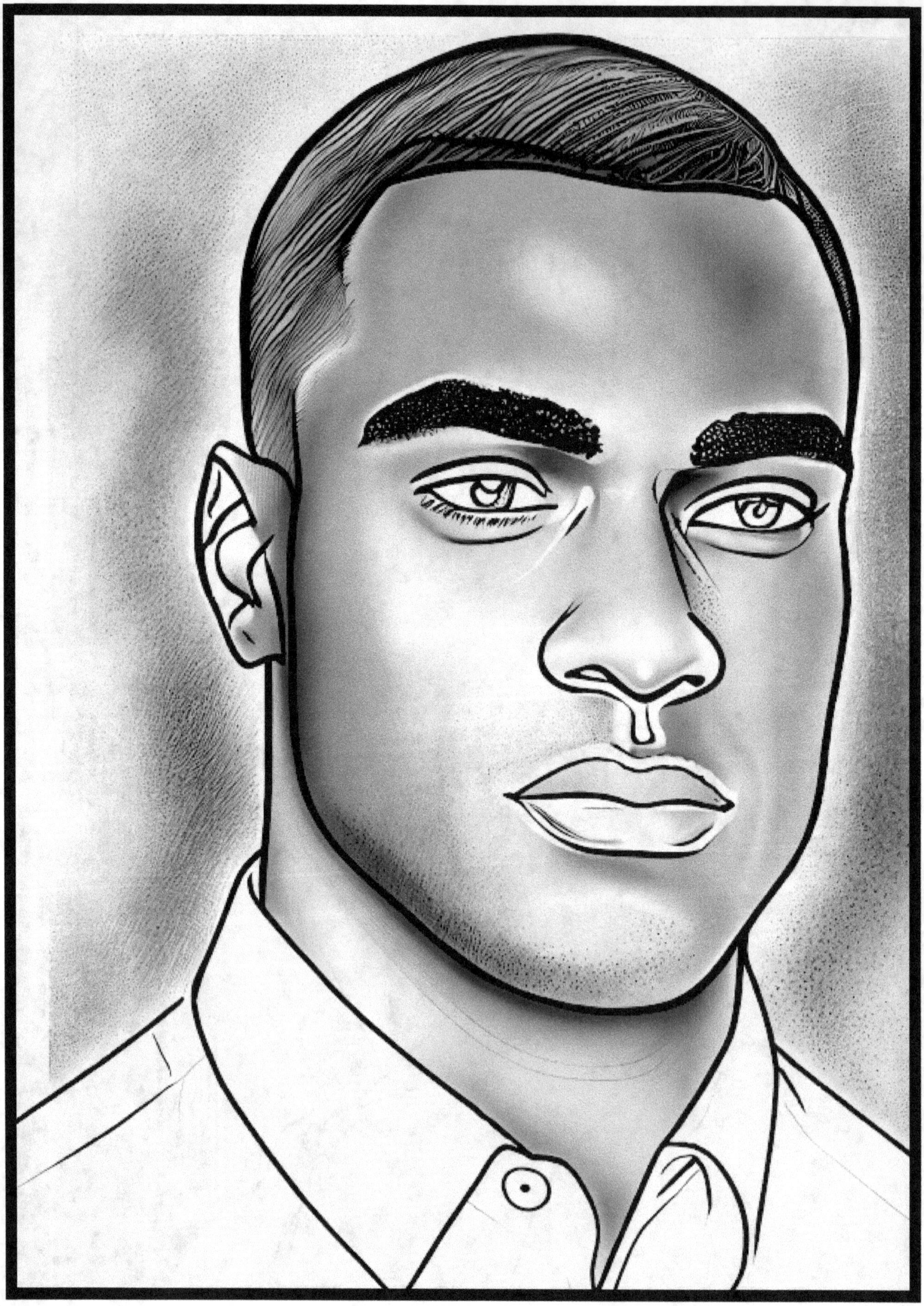

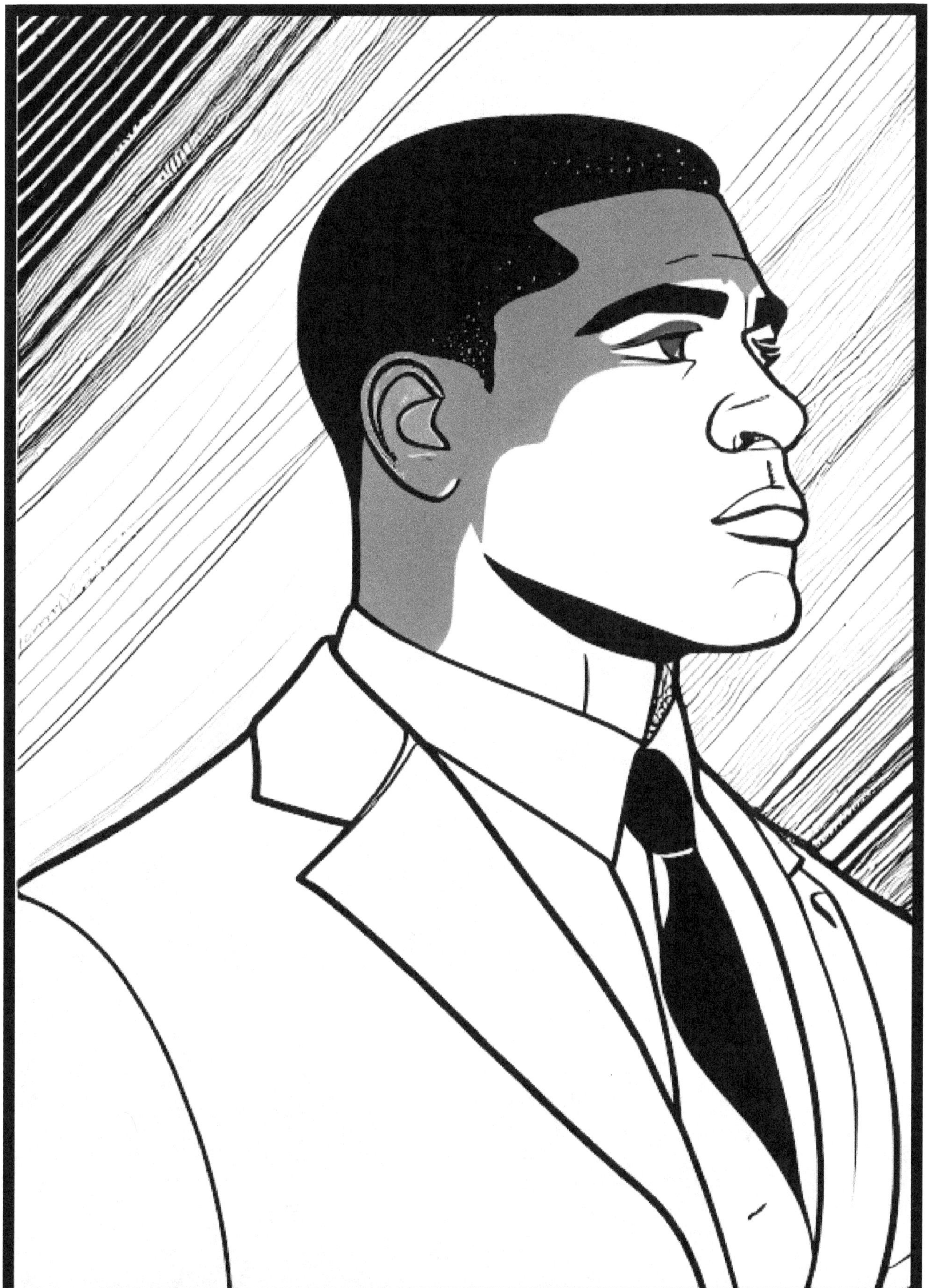

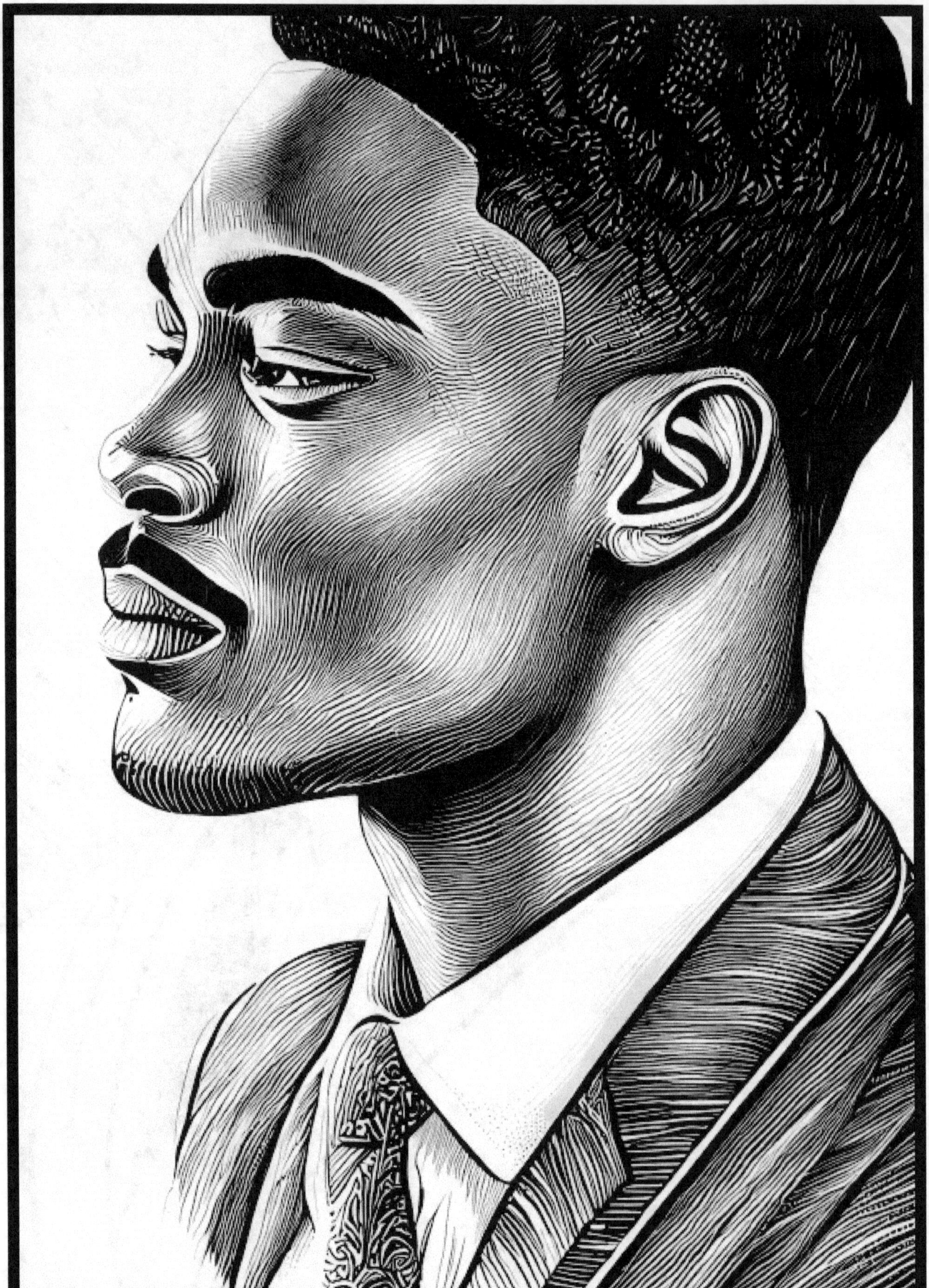

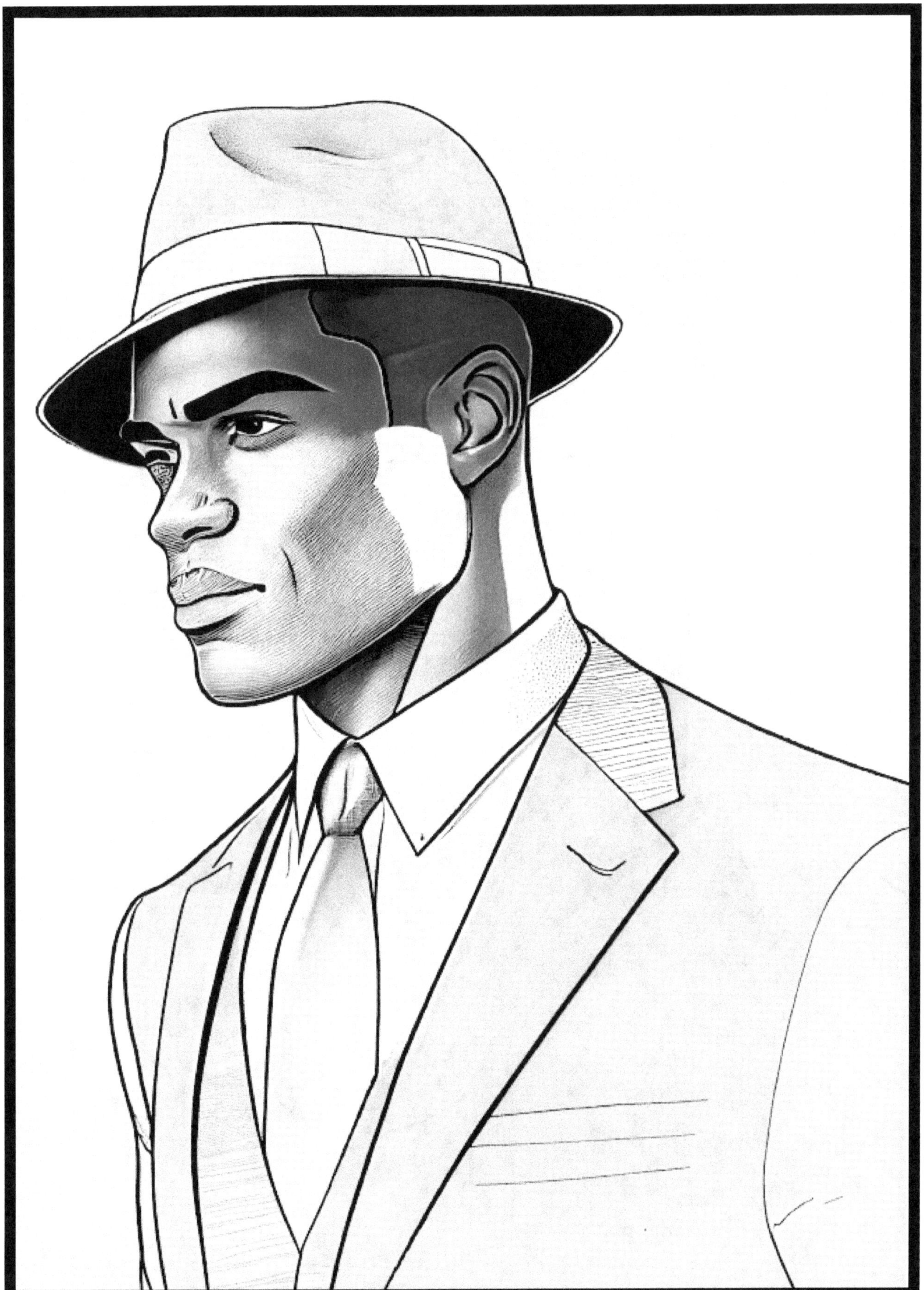

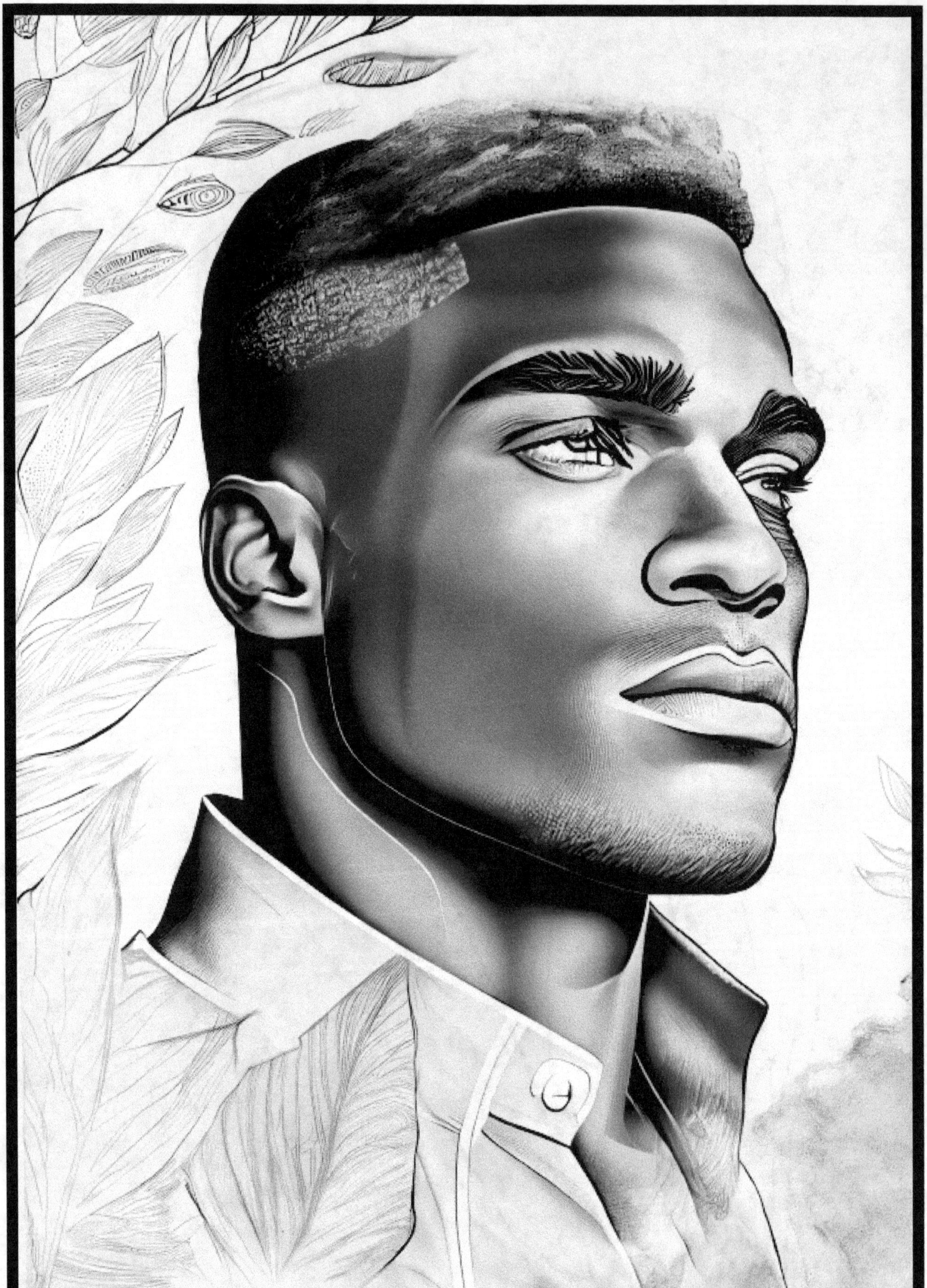

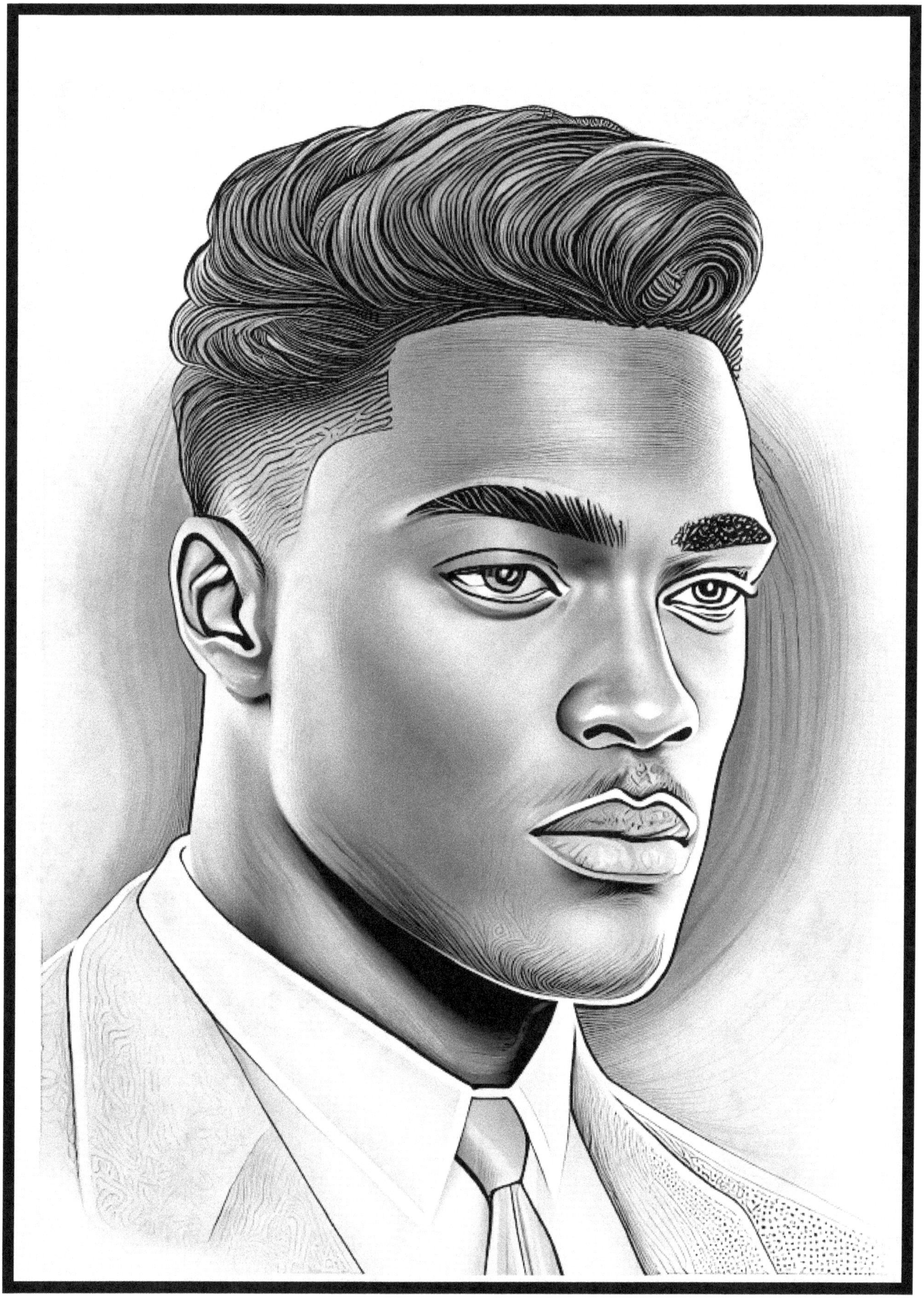

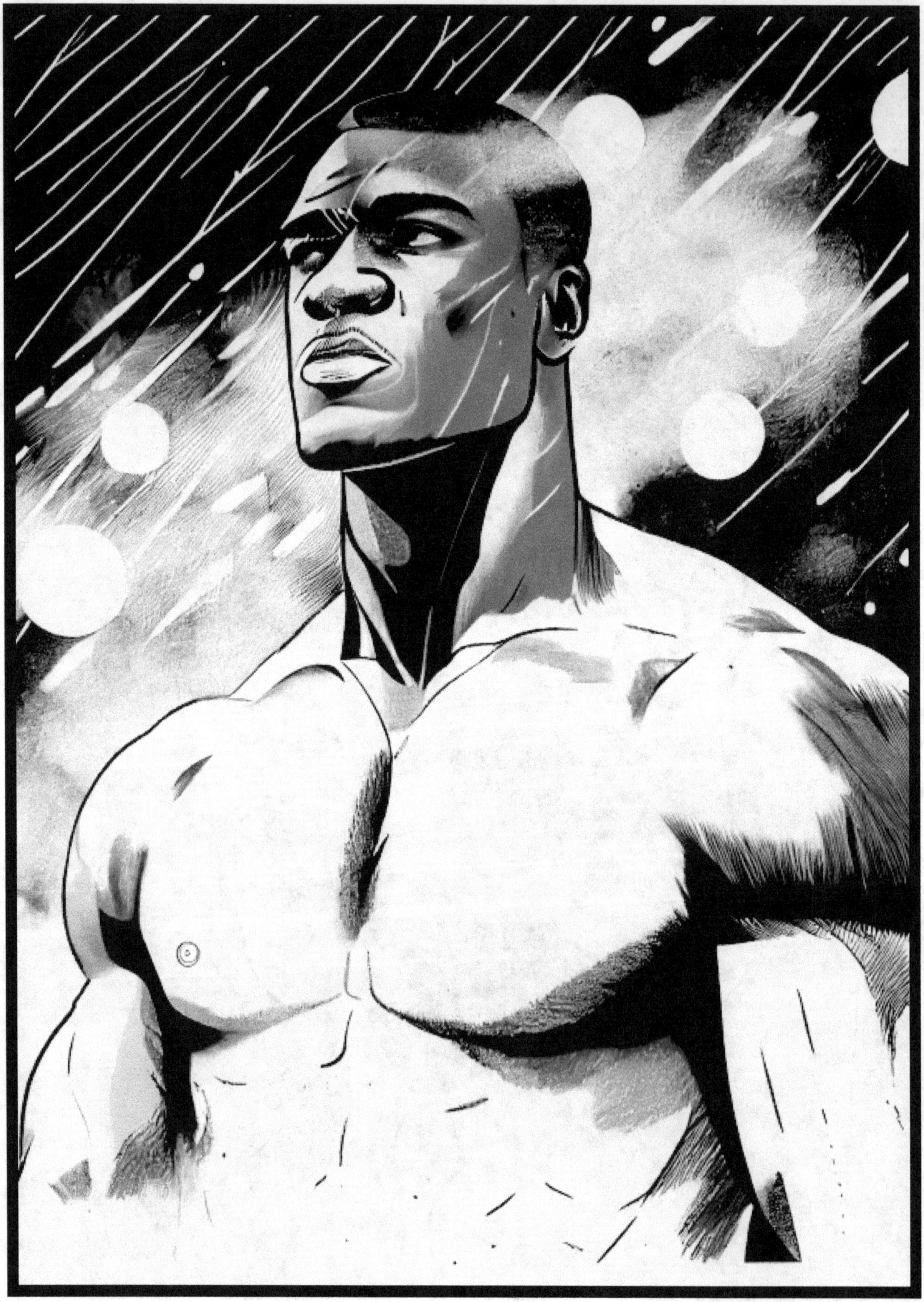

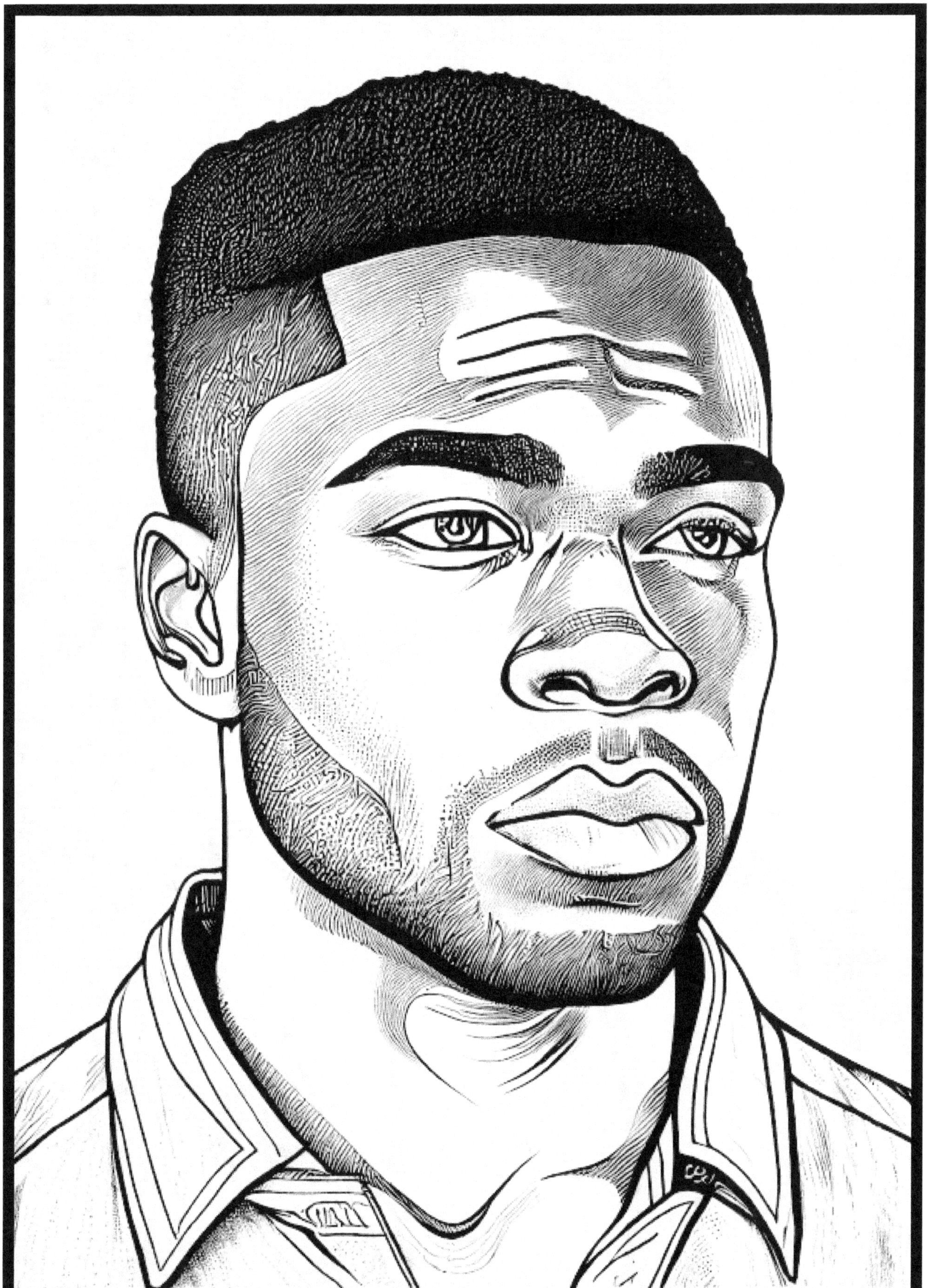

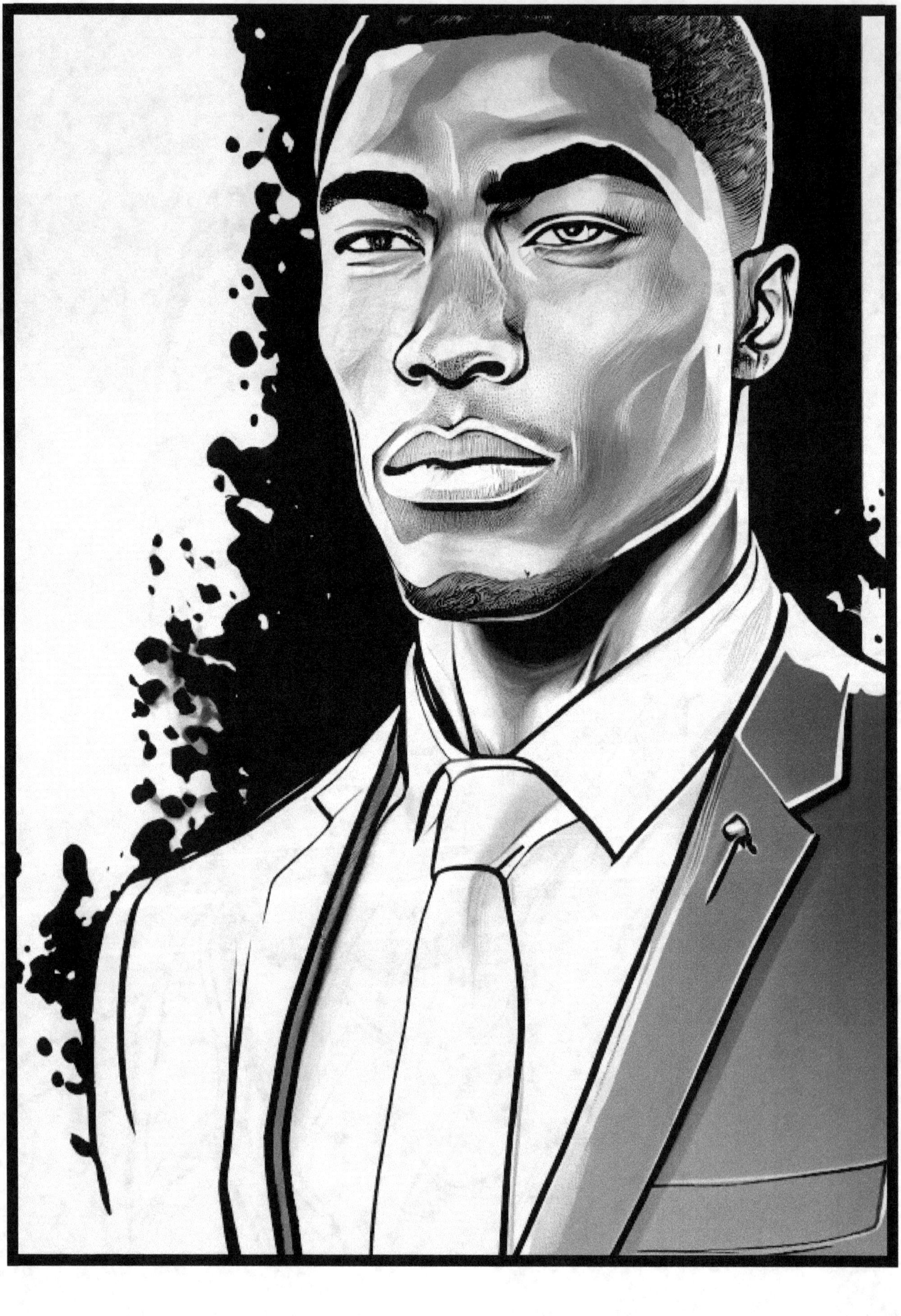

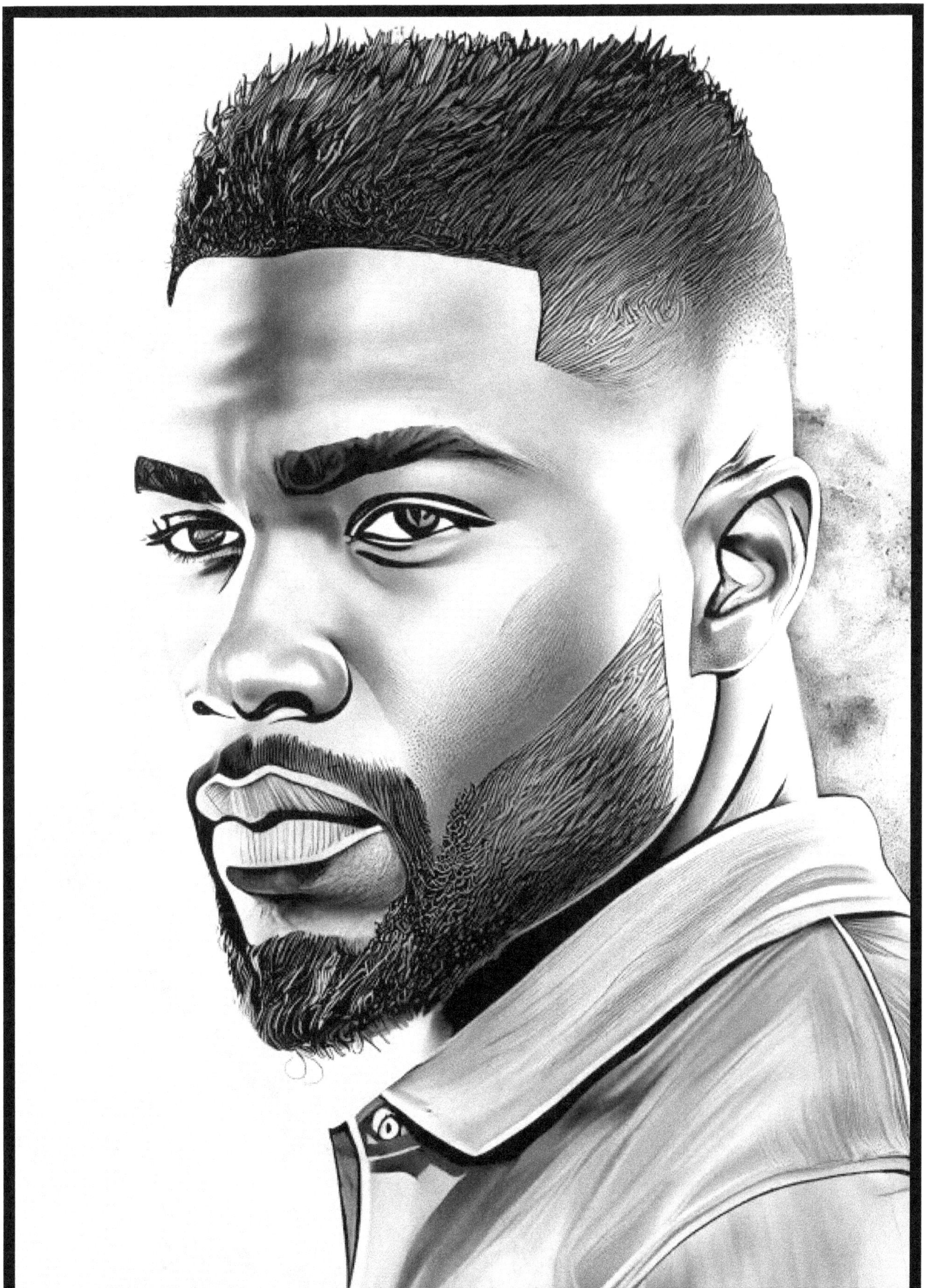

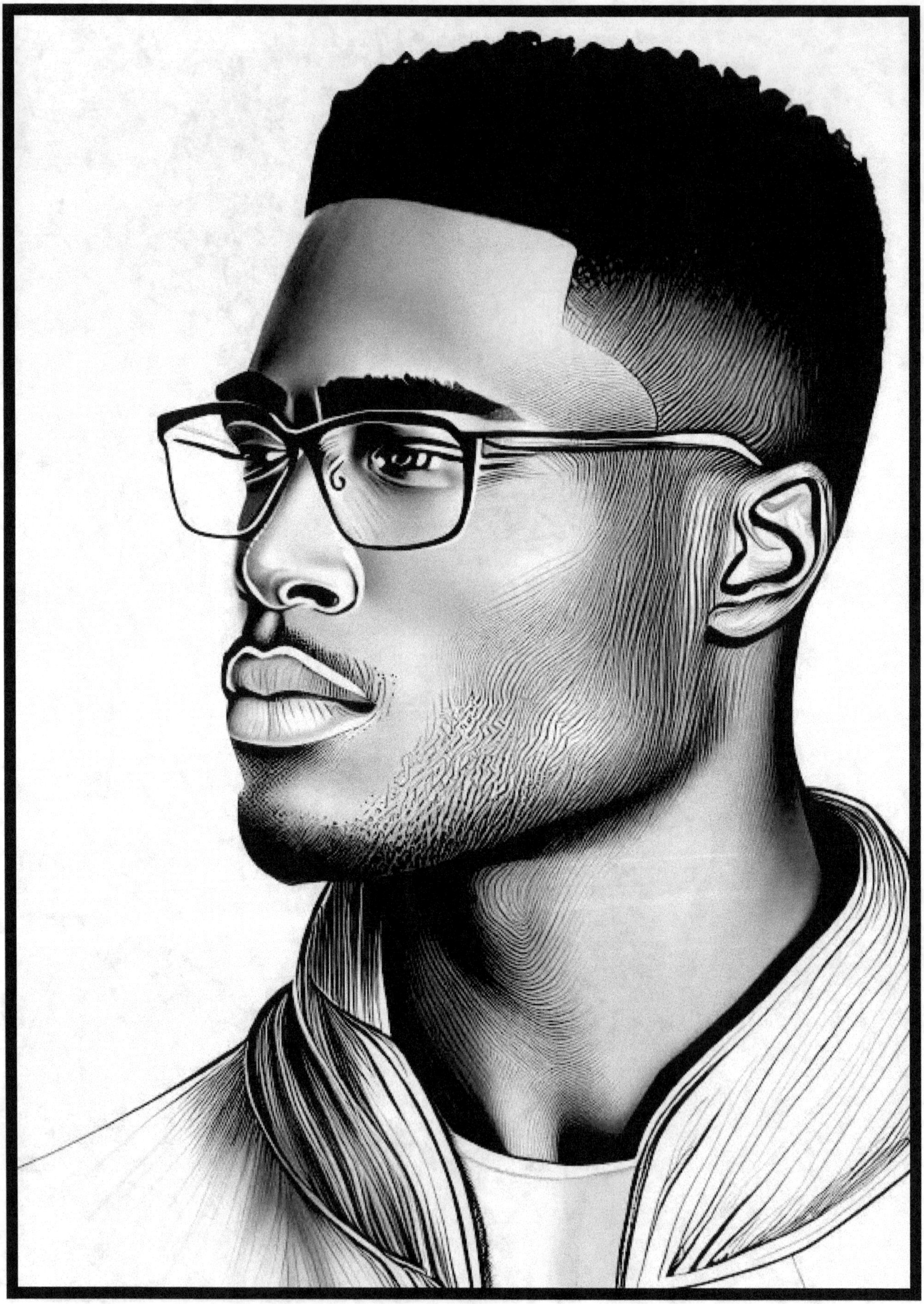

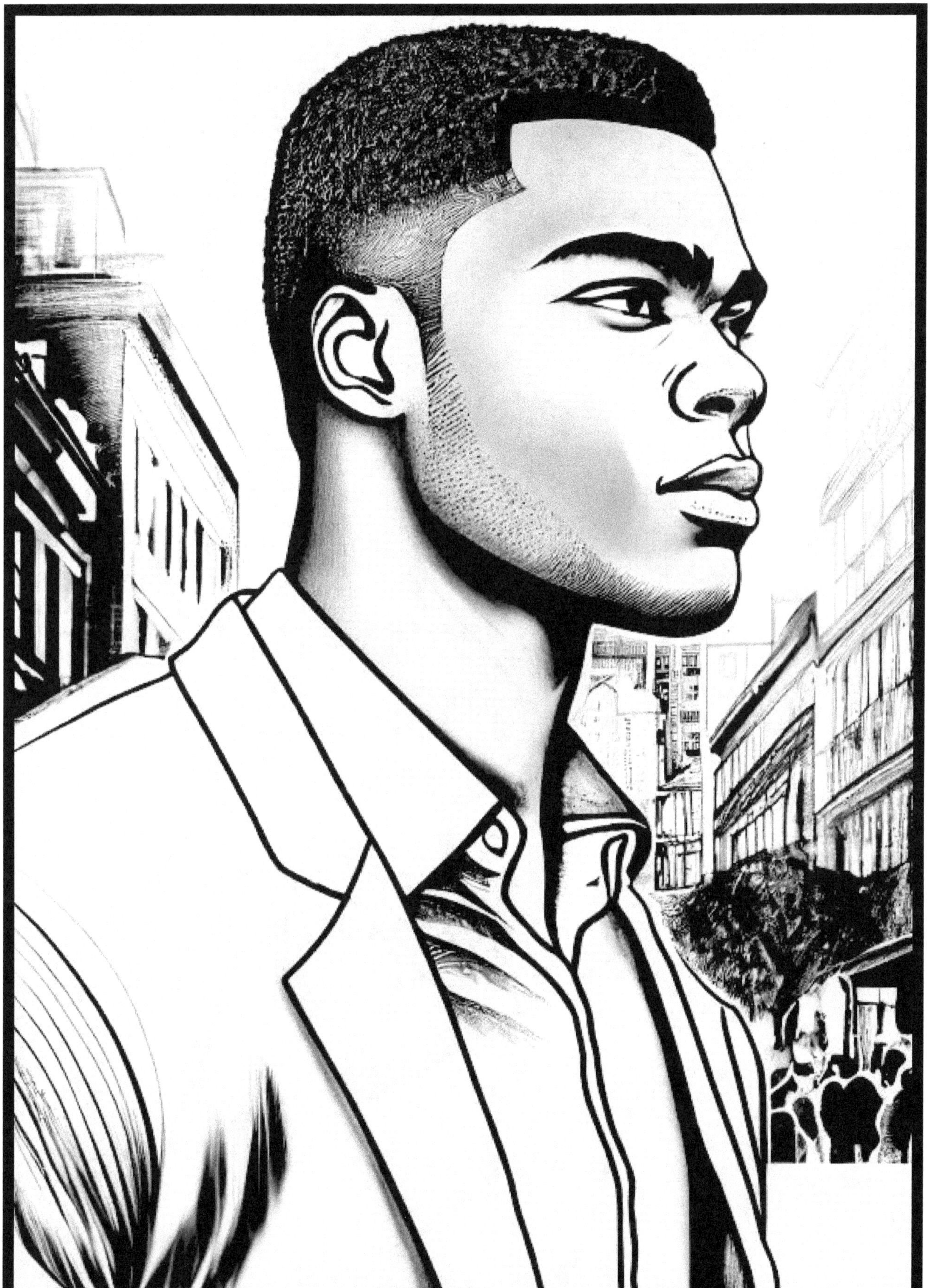

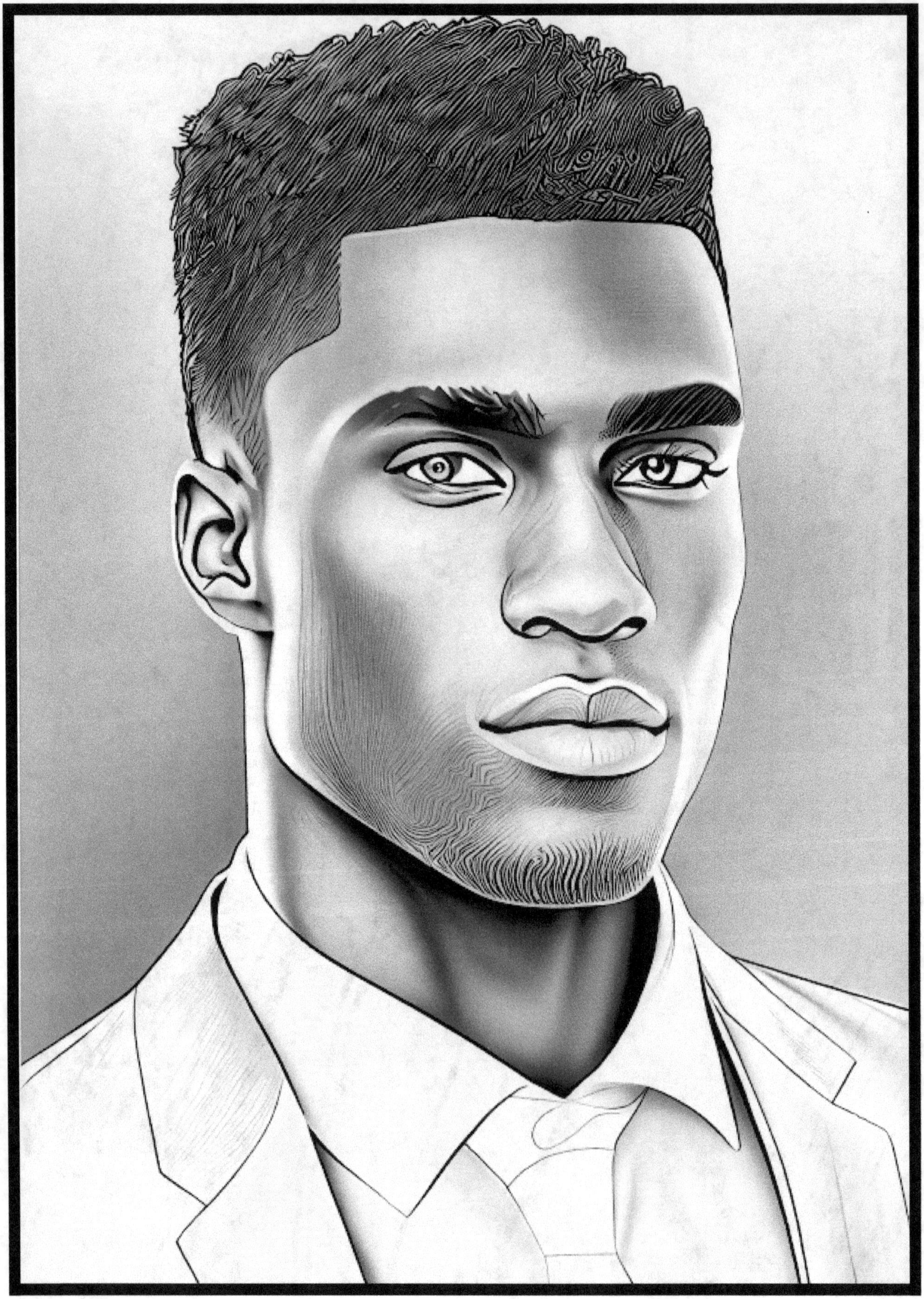

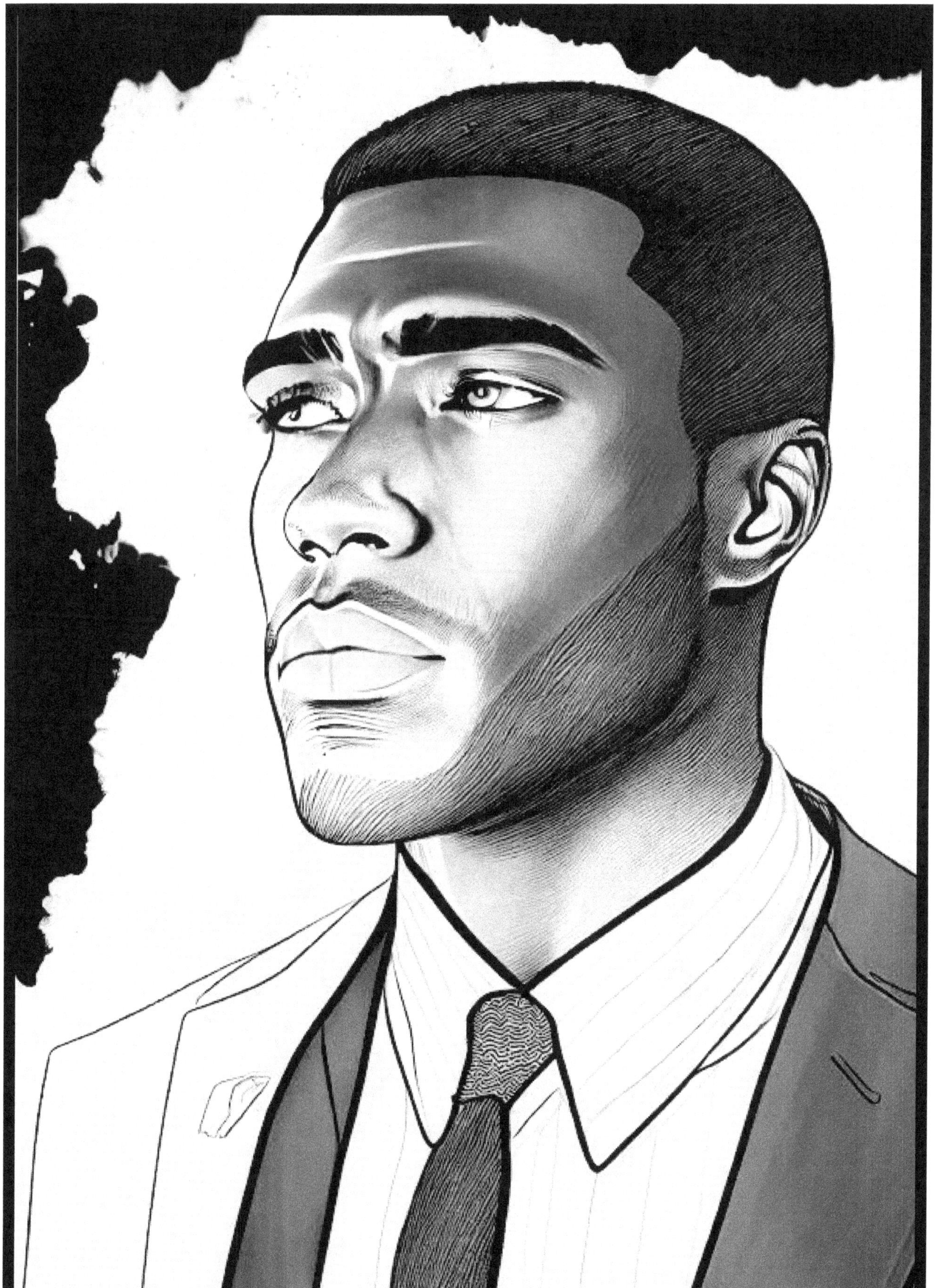

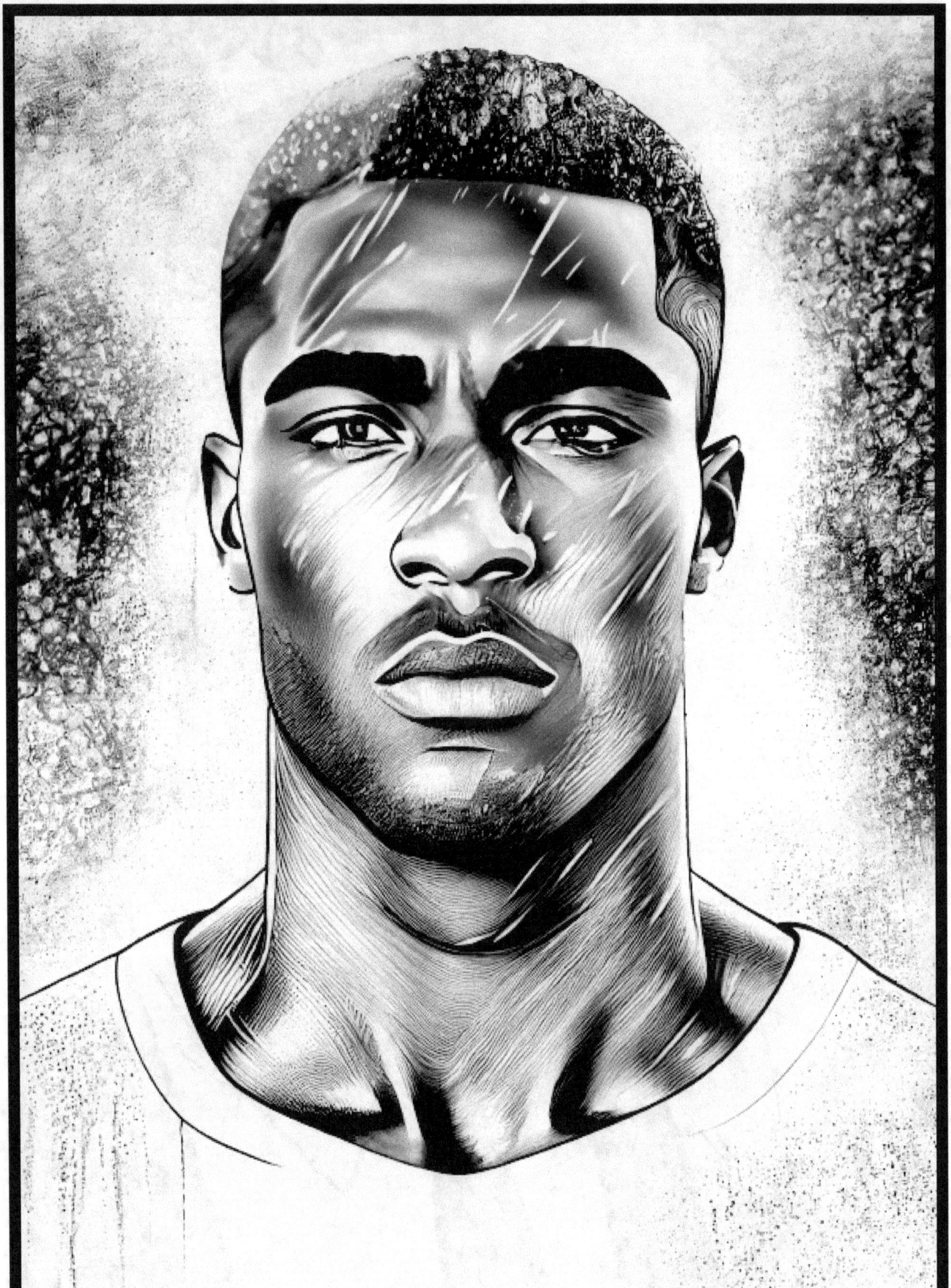

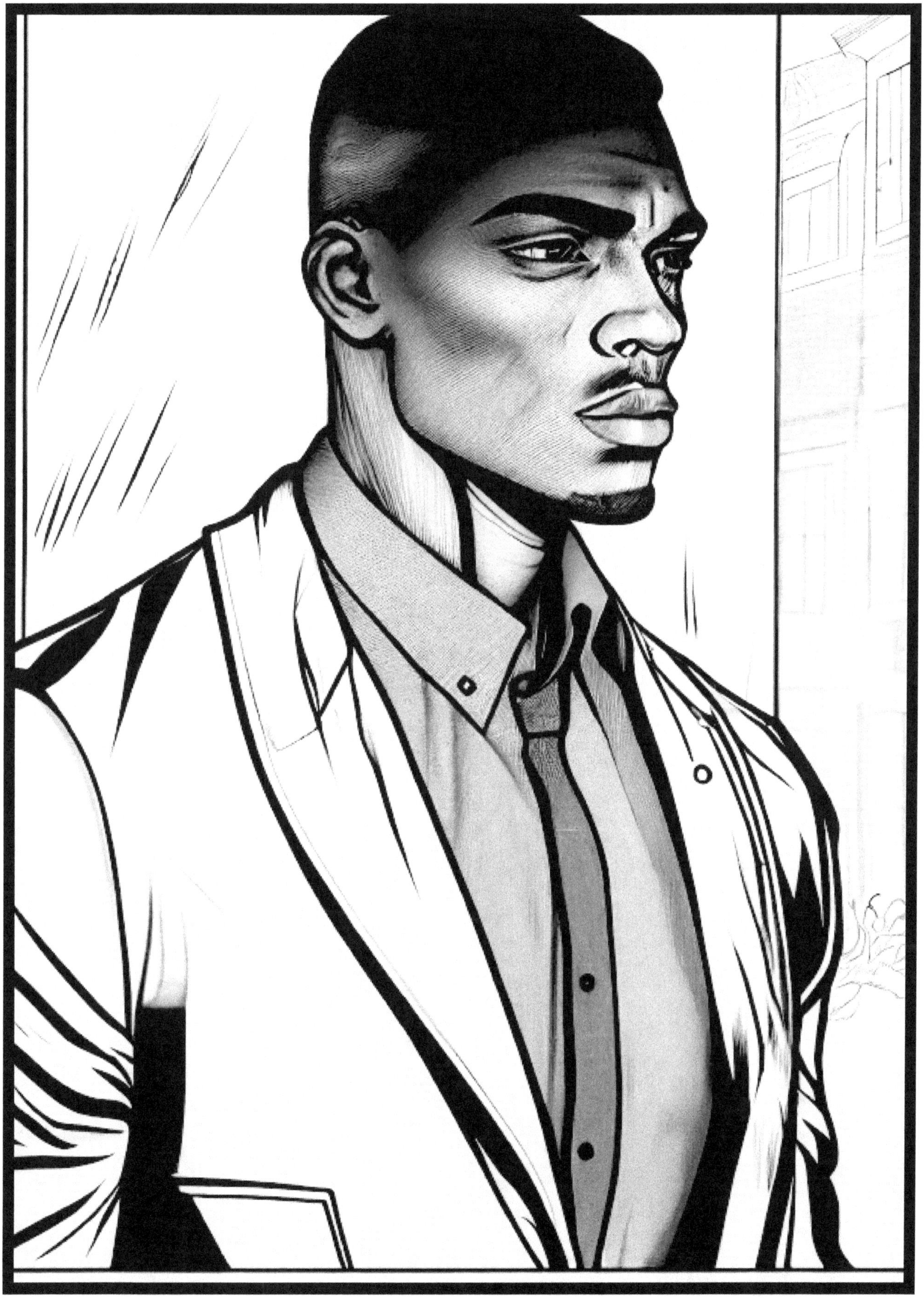

www.ingramcontent.com/pod-product-compliance
Lightning Source LLC
Chambersburg PA
CBHW080815220526
45466CB00011BB/3572
* 9 7 9 8 3 9 3 4 6 9 3 2 0 *